JN438495

박용준 님

存閱

박정원

반야심경般若心經,
다시 보다

반야심경般若心經,
다시 보다

인쇄 2021년 10월 01일
발행 2021년 10월 10일

지은이 박장원
발행인 서정환
펴낸곳 신아출판사
주소 전북 전주시 완산구 공북 1길 16(태평동 251-30)
전화 (063) 275-4000 · 0484 · 6374
팩스 (063) 274-3131
이메일 shina2347@naver.com sina321@hanmail.net
출판등록 제465-1984-000004호
인쇄 · 제본 신아출판사

ISBN 979-11-5605-964-6 03810
값 20,000원

Printed in KOREA

반야심경般若心經, 다시 보다

박 장 원

북극전北極殿에

아버지

어머니에게

시작하면서

"반야般若는 무엇인가."
"지혜智慧입니다."
"지혜智慧는 무엇인가."
"반야般若입니다."

《반야심경般若心經》의 핵심이라 할 수 있는 '반야般若'를 이렇게 알고 있다.
아마도 우리는 언제까지나 이런 선문답 아닌 선문답을 하지 않을까.
불교 최고 경전이라는, 그 짧은 불경을 독송할 때 뜻은 정확히 모르지만, 그 장엄한 운미韻味에 잠겨 세간에서의 고단한 마음을 위로 받는다.

《반야심경》을 다시 본다.
잘 알지 못하기 때문에 다시 읽는다.
많은 해설서를 보고 선사들의 담론을 들으면서, 뜻을 파악하려 하였지만 지금도 그렇다.
나만 모르는 것일까.
왜, 나는 《반야심경》을 제대로 알지 못할까.
이러한 의문에서 이 공부를 시작하였고, 어떤 부분이 나를 어렵게 하는가, 그것을 이야기하면서 공유하려 한다.

서역왕자西域王子, 불교계의 기린아.

구자국龜玆國* 요진姚秦 천축국天竺國 삼장법사三藏法師 구마라집鳩摩羅什.

그는 《마하반야바라밀대명주경摩訶般若波羅密大明咒經》을 번역하였다.

아무튼 이 짧은 《반야심경》은 불교도 최고의 가르침이 되었다.

그런데 우리나라에서는 당나라 현장법사玄奘法師 《마하반야바라밀다심경摩訶般若波羅密多心經》이 구마라집의 《마하반야바라밀대명주경》을 대신하여 시아본사是我本師를 기리는 예불禮佛과 사시불공巳時佛供 그리고 선방禪房에서도 대미를 장식하듯이 봉송되는 경전으로 자리 잡았다. 그리고 한국 조계종曹溪宗에서는 공식적으로 현장의 《마하반야바라밀다심경》을 우리 말로 옮겨서 공포하였다.

사실 우리는 한글로 옮겨진 현장의 《마하반야바라밀다심경》을 친숙한 듯 읽고 있지만, 마치 유가儒家 경전 같은 수양의 법문法文으로 여길 뿐, 그 의미를 확연히 아는 것은 아니지 않는가.

그래서 《반야심경般若心經, 다시 보다》에서는 구마라집 《마하반야바라밀대명주경》을 읽으면서, 이해되지 않는 부분을 말하려 한다.

이러한 방법의 일환으로 현장의 《마하반야바라밀다심경》을 포함한 반야般若와 리언利言의 《반야바라밀다심경般若波羅密多心經》, 법월法月의 《보편지장반야바라밀다심경普遍智藏般若波羅密多心經》, 지혜륜智慧輪의 《반야바라밀다심경般若波羅密多心經》, 법성法成의 《반야바라밀다심경般若波羅密多心經》 그리고 송宋나라 시호施護의 《성불모반야바라밀다심경聖佛母般若波羅密多心經》을 비교하며 살펴보았다.

---

* 구자국龜玆國 : 산스크리트어 쿠치나Kucina의 음사로서 쿱차국이라고도 한다. 타클라마칸Taklamakan 사막의 북쪽, 지금의 고차庫車지역에 있었던 고대 국가이다.

쌀쌀한 춘삼월 벚꽃이 쪽빛 허공에서 묘견보살妙見菩薩처럼 바람에 하늘하늘한다.

분홍의 화엄세계華嚴世界가 내 마음에 장엄하게 펼쳐진다.

아제 아제 바라아제 바라승아제 모지 승사아
揭帝 揭帝 波羅揭帝 波羅僧揭帝 菩提 僧莎呵

2021년 춘분절에
박 장 원

차례

십일면관세음보살 十一面觀世音菩薩
석굴암石窟庵

1

반야심경般若心經에 대하여

1-1 반야심경은 마음의 경전인가

짧은 경전.

《반야심경》.

우리는 '마음의 경전(The heart stura)'이라고 한다.

보리수 아래에서 삼법인三法印의 수행으로 최후의 깨달음인 십이연기十二緣起를 얻은 세존世尊.

사문출유四門出遊를 감행하여 고행과 쾌락의 극단을 버리고 중도中道를 깨달았다는 세존은 녹야원鹿野苑에서 사자후를 토하는데, 그것이 바로 아함阿含의 울타리에서 진리의 바퀴를 처음으로 돌렸다는 초전법륜初轉法輪이다.

세존은 보리수 아래에서 녹야원으로 이동하여 제자들에게 최초의 설법을 한다.

그곳에서의 12년을 아함시阿含時라 한다.

이러한 인연으로 초기불교에서의 《아함경阿含經》이 높이 받들어진다.

불교를 초기원시불교인 근본불교根本佛教와 부파불교部派佛教 그리고 대승불교大乘佛教로 구분한다.

세존이 입적하고 1년이 지나 영축산靈鷲山 부근 왕사성王舍城 칠엽굴七葉窟에서 500명의 비구比丘들이 구름처럼 모여들었다. 살아생전 스승의 이야기를 아난존자阿難尊者가 암송하면 이를 우바리優婆離*가 기록하였다고 한다. 이것이 제1차 결집이다.

세존이 살아 있을 때, 제자들을 직접 모아놓고 가르침을 주던 시기와 입적한 후, 적어도 100년 동안은 소위 소승小乘(hina-yāna)이니 대승大乘(mahā-yāna)이니 구별이 없던 그야말로 초기 원시근본불교시대라 한다.

그리고 세존이 입적하고 100년이 지난 기원전 400년경에 비구 700명이 모인 2차 결집이 있었다. 이 결집에서 불제자는 열 가지를 못하게 하는 계율을 정하여 율장律藏을 만들었으나, 이러한 계율에 반대하는 일부 비구들이 독자적으로 결집하였다. 즉 율장을 주도적으로 편집한 보수적인 세력을 상좌부上座部라, 이와 의견을 달리한 진보적인 비구들을 대중부大衆部라 하며 이를 대결집이라 하였다. 특히 아라한阿羅漢에 대한 내용이 포함된 다섯 가지 비판으로 상좌부와 대중부의 분열은 가속되었고, 이러한 분열에서도 오로지 자신의 이야기가 바로 스승의 그것이라 주장하고 나서는 경우가 허다하였다고 한다.

제3차 결집은 인도를 통일한 찬드라굽타Chandragupta 마우리아Maurya왕조의 아쇼카Asōka(BC269 - BC232?) 때이다. 아쇼카 즉위 17년째 되는 해, 마가다Magadha국 수도 파탈리푸트라Pātaliputra에서 1,000명의 비구가 결집하였다. 이 무렵, 뜻하지 않게 세존이 극구 사양하고 다짐하였던 사리를 안치하는 불탑(stupa) 숭배사상이 인도 전역에 광풍처럼 번졌다. 특히 모순되게도 무자비하였던 정복군주 아쇼카는 불교에 심취하였다. 이때가 바로 인도 통일제국 마우리아 시대였다. 아쇼카는 불교를 국교로 공포하였다. 바야흐로 경제적으

* 우바리優婆離 : 세존의 10대 제자 가운데 한 사람으로 계율에 통달하였으며, 이를 엄중히 준수하여 지계제일持戒第一이라 불리웠다.

로 풍요로운 사원의 비구들이 논쟁을 거듭하였던 소위 아비달마阿毗達磨 불교시대를 맞이하였다. 그리고 이러한 논쟁으로 불교는 약 18~20개로 분열하였으니, 이 시기를 부파불교시대라 한다.

그리고 아쇼카의 아들 마힌다Mahinda는 왕명으로 인도 남방 타밀Tamil지역인 스리랑카Sri lanka 실론Ceylon섬에 파견되었고, 막강한 왕권에 의한 정략적 포교에 편승하여 세존의 가르침은 인도 남부 실론 니까야nikaya를 통해 나뭇가지처럼 퍼져나갔다.

제4차 결집, 열반 후 400년경 아쇼카 손자인 카니슈카Kanishka 시대 카슈미르Kashmir의 환림사環林寺에서 야단법석野檀法席이 이루어졌다. 삼장三藏에 정통한 500여 비구가 결집하였고, 이때 집대성된 것이 《아비달마대비파사론阿毘達磨大毗婆沙論》이다. 대승불교 전개가 본격화되었고, 마케도니아Macedonia의 알렉산더Alexander 동방 진출에 의한 서방문명 유입으로 파미르의 불교 간다라Gandhara미술은 간드러지게 발전하였다.

그리고 세존 이야기는 인도 남방 타밀지역의 성전어聖典語라는 빨리Pāli어로 전하여졌다. 빨리어 경전 니까야의 대부분, '여시아문如是我聞' 즉 '세존의 말씀을 나는 이렇게 들었다'는 다문제일多聞第一의 제자라는 아난존자Ananda의 회고로 시작된다.

초기불교의 실체를 가늠할 수 있다는 니까야는 세존이 직접 설교한 경장과 율장 가운데 경장을 말하며, 여기에서 빨리삼장pāli tipikata이라는 용어가 등장한다.

'띠삐까따tipikata'에서 '삐따까pitaka'는 광주리인 바구니(basket)라는 뜻으로 '3'을 뜻하는 'ti'와 결합되어 티삐까따, 즉 '세 개의 바구니(tipikata)'가 된다. 즉 '삼장三藏'에서의 '장藏'은 광주리 혹은 바구니와 같은 '바스켓'과 같은 의미이니, 지금 《아함경阿含經》에서의 '함含'과 뜻을 같이하는 셈이다.

세존의 이야기가 바구니 세 개에 담겨 있다는 삼장을 불교에서는 이렇게 정리한다. 스승의 설법은 제자들의 필요성에 의해 수집되어 성전聖典으로 전승되었다.

경經을 모은 경장經藏, 율律을 모은 율장律藏, 논論을 모은 논장論藏을 합하여 삼장三藏이다. 다문제일의 아난존자가 중심되어 교법敎法을, 지율제일持律第一의 우바리가 중심되어 계율을 확인하였다. 이 중 교법은 차차 정리되어 경經(stura)이라 불리게 되었고, 이것이 모여 경장이 되었으며, 율장과 논장이 가세하여 삼장이 된다.

세존의 가르침이 구술로 전승되다가, 세존이 사용하였다는 언어 빨리어와 산스크리트어Sanskrit로 옮겨졌다. 빨리어로 전개된 세존의 이야기는 인도 남방 실론섬으로 전파되었고, 이것을 니까야 또는 남전南傳이라 한다. 산스크리트어로 쓴 것은 티베트Tibetan를 거쳐 전해졌는데, 그것이 한역漢譯되었으니, 바로 《아함경》이다. 이것을 북전北傳이라 하였지만, 정작 그 산스크리트어 원본은 소실되었는지 어떘는지는 전하여지지 않고 있다.

소위 인도불교를 굳이 세 개로 나누면, 원시불교原始佛教와 소승20부小乘20部·설일체유부說一切有部의 부파불교部派佛教와 중관파中觀派와 유식유가행파唯識瑜伽行派의 대승불교라 한다.

세존의 이야기는 인도지역에서 가장 오래된 언어라는 빨리어와 범어梵語인 산스크리어 그리고 스리랑카어인 싱할라어Sinhala, 티베트어인 서장어西藏語 그리고 한자를 통해 아시아 전역으로 흩어졌다.

빨리어로 된 것을 '니까야', 산스크리트어로 된 것을 '아가마āgama'라 한다. '아가마'를 한자로 음역音譯하면 '아함阿含'이다.

결국 '니까야'와 '아가마'는 같은 의미이다.

그렇다면 '니까야'와 '아가마'의 어원이 같다면, '아함경阿含經'에서의 '함含'인 바구니와는 어떤 관계인가.

세존이 살아 있을 때는 육성을 통하여 가르침을 받았다.

그리고 세존이 입멸한 후에, 비구들이나 학자들이 세존의 이야기에서 불교의 원리를 추출하려 한 것이 바로 부파불교이다. 부파불교는 비구들의 독특한 이론을 포함하고 있어서 일반인이 이해하기 어려웠다. 그래서 그 수준에 맞게 다듬은 흐름이 대승불교의 가르침이라 한다.

학자들은 불교를 초기원시불교인 근본불교根本佛教와 부파불교部派佛教 그리고 대승불교大乘佛教로 구분한다. 그러면서 초기원시불교인 근본불교의 교리를 수정하고 보완한 것이 대승불교라 규정한다. 그리고 혹자는 더 나아가 초기근본불교의 문제점을 개선하여 보완한 것이 대승불교라 말한다. 만에 하나 성격이 다른 초기원시불교와 대승불교를 같은 맥락으로 여기고서 견강부회하였다면, 그것은 분명 불합리한 접근이라 할 수 있다. 오히려 초기원시불교인 근본불교의 아류라 할 수 있는 부파불교를 정리하고 통합시켜 사부대중을 인도한 교리가 대승불교라 하면 이치에 맞는 논리일 것이다.

아무튼 이러한 불교의 흐름을 대충 세 가지로 정리하면 아래와 같다고 한다.

부파불교시대의 정신적인 것과 물질적인 것 모두 존재한다는 설일체유부파說一切有部派.

정신적인 것만이 실재성을 가지며, 물질적인 것은 실재성이 없다는 유가행파瑜伽行派, 이를 오로지 생각만 있다고 하여서 유식학파唯識學派라 한다.

대중불교시대의 정신적이든 물질적이든 실재는 존재하지 않으며, 모든 것이 공空하다는 중관학파中觀學派.

이미 언급하였지만, 이러한 분류가 정확하여 명쾌한 것은 아니다.

소승불교에서의 '모든 것이 존재한다'는 설일체유부학파와 인도의 전통 바라문교에서도 그 자취를 찾을 수 있는 유식학파唯識學派의 내용이 얽히고설켜서 혼재하였기 때문이다. 그리고 중관파中觀派와 유식유가행파唯識瑜伽行派는 대승불교를 이어가는 학파라 하지만, 이것도 시기적으로 분명한 분류라고는 할 수 없다.

여기에서 한 가지 짚고 넘어갈 것은, 인도 남방 빨리어의 니까야와 중앙아시아 천축국天竺國의 산스크리트어로 된 경전들이 초기불교 세존의 진정한 가르침을 온전하게 담고 있는지도 한번 돌아볼 일이다. 초기불교의 위대한 경전 《아함경》도 세존의 이야기 그대로 보존된 경전이 아니라, 이미 부파불교의 여러 유파의 편향된 견해대로 편집된 것이라는 사실을 불교학계에서 공식적으로 밝혔기 때문이다.

《반야심경, 불교의 정수를 직시하다》의 승명도 '실제로 부처의 가르침은 아함경이나 니까야가 원형이고, 그 뒤 불교의 제 분파들은 그러한 가르침을 기준으로 하여 논리를 추가한 것으로 보인다'고 하였다.

그리고 세존의 니까야와 아함이 곧 팔만대장경의 핵심이라 할 수 있는데, 정작 팔만대장경에는 니까야와 아함의 본질이 무엇인가에 대하여서 명확한 설명이 없다는 것도 엄연한 사실이다.

제1차 결집에서의 견해 차이가 움터 마침내 제2차 결집에서 20여 개 파로 갈라진 부파불교가 급속도로 발전한다. 특히 부파불교는 《아비달마구사론阿毘達磨俱舍論》에서의 선정禪定이 중심이 되었지만, 그 선정을 통한 아라한(阿羅漢 : arhat, arahant)의 정의에 대해서는 저마다 견해가 달랐다. 부파불교가 여러 갈래로 분기함에 따라 세존의 가르침 원리를 통일하려는 노력에서 원래의 가르침과 또 다른 논리들이 발전하였다. 즉 초기불교가 세존의 장광설로 가르친 불교라면, 부파불교는 학자들이 세존의 이야기 속에서 나름대로 원리를 추출하려 한 것이다. 그리고 대승불교는 일반인 수준에 맞게 만든 기존의 상좌부 불교와 견해를 달리하여 소위 '거대한 수레(大乘)'에 이것저것 모든 것을 태워 외형적인 세력만을 확장하였다.

초기 대승불교운동가들은 선정 속에서 열반을 구하는 아비달마불교를 강력하게 비판하였고, 열반涅槃은 지혜智慧, 즉 반야般若를 통찰하여 성취된다고 주장하였다. 이러한 주장을 담은 것이 바로 반야바라밀을 핵심으로 하는 반야부경전般若部經典이다.

경전에는 세존이 직접 설한 초기경전과 대승불교에 의한 대승경전이 있다.

반야부경전은 대승경전으로서, 600부나 되는 방대한 불경이다.

반야부경전이란 불교의 본질을 반야바라밀이라고 주장하는 경전들을 가리키는 말이며, 바로 서역 구마라집鳩摩羅什의 《마하반야바라밀대명주경摩訶般若波羅蜜大明呪經》은 그 핵심을 간추린 가장 짧은 경전이라 한다.

이런 대중불교가 출현한 시기는 정확하게 알 수 없지만, 기원전 1세기 무렵에 등장하였을 것으로 추정한다.

지금의 대승불교 핵심은 중관파中觀派의 이론이다.

소위 모든 것을 부정하면서, 모든 것을 없다고 하면서 '공空'을 내세운 용수보살龍樹菩薩의 영향이다.

《반야심경般若心經》은 《대품반야경大品般若經》을 비롯한 모든 반야경의 핵심을 전하는 가르침이다. 《반야심경》을 '반야경般若經'이라 부르고, 근본根本 반야경전과 잡부雜部 반야경전 그리고 기타其他 반야경전으로 나눈다. 근본 반야경전에 속하는 것으로 《대반야경》과 《대품반야경》 그리고 《소품반야경小品般若經》이 있고, 잡부 반야경전에는 《금강경金剛經》과 《반야심경》이 있다. 소승이 아닌 대승에서 '반야경'이라는 말이 처음 등장하는데, 대승불교의 중요한 가르침 대부분이 《대품반야경》 600부에 실려 있다는 사실임을 증명하는 것이다.

삼장법사 현장이 659년에 시작하여 663년에 《대반야바라밀다경大般若波羅密多經》 번역을 마쳤다.

당태종唐太宗 이세민李世民은 현장의 이러한 불경번역을 그 유명한 명문 《대당삼장성교서大唐三藏聖敎序》로 축하하고 격려하였다.

그리고 서명사西明寺 현칙玄則의 〈대반야경초회서大般若經初會序〉에서는 현장의 《대반야바라밀다경大般若波羅密多經》 600부 번역을 이렇게 노래하였다.

> "《대반야경》은 희대의 절창이요, 광겁의 먼 나루터이다.
> 大般若經者乃希代之絕唱, 曠劫之遐津."

《대반야바라밀다경大般若波羅密多經》 600부에는 구마라집 등이 번역한 것도 포함되었으며, 당시까지 번역된 경전과 새롭게 번역한 경전을 총체적으로 수록하고 있다. 그 완성시기를 보면 《소품반야경小品般若經》을 시작으로 《대품반야경大品般若經》과 《금강반야경金剛般若經》은 비슷한 시기에 번역되었다. 모두 600권이고, 반야부의 여러 경전을 집대성한 총서이다. 줄여서는 《대반야경大般若經》이라 하며, 별칭으로 《대품경大品經》·《대품반야경大品般若經》이라 한다. 무려 600부 390품으로 이루어진 이 경전은 화엄華嚴·법화法華·열반涅槃 등 대승경전 중에서도 가장 핵심적이고, 전례가 없는 방대한 규모를 보이고 있다.

팔만대장경八萬大藏經의 핵심 《대반야경大般若經》 600부를 5,149자로 축약한 것이 《금강경金剛經》이고, 그 《금강경》을 263여자로 요약한 것이 《반야심경》이라고 한다. 이 《반야심경》은 구마라집이 최초로 번역한 경전이고, 그 다음에 그것을 참고하여 다시 번역한 사람은 바로 삼장법사 현장이라는 것은 불교에서의 엄연한 사실이다.

팔만대장경은 무엇인가.

대장경大藏經은 한 마디로 경장 · 율장 · 논장의 결집이다.

세존이 입적하기까지 설교를 한 49년의 세월을 오시五時로 분류하였고, 내용으로는 다시 삼종三宗으로 분류된다. 다만 그 분류 시기와 내용에 있어서 많은 이견이 있다.

천태天台 지의대사知顗大師에 의한 49년 시간인 오시교五時敎 분류는 아래와 같다.

화엄시華嚴時 : 최초 3 · 7일(21일) 《대방광불화엄경大方廣佛華嚴經》을 설한 시기이다.
그러나 세존의 이야기가 너무 어려워 많은 대중이 이해하기 어려웠다.

아함시阿含時 : 다시 12년간 《아함경》을 설한 시기이다.
객관적인 물질계에 대한 가변성과 욕망의 절제에 대하여 설명하였다.

방등시方等時 : 그 다음 8년간 《유마경維摩經》 · 《금광명경金光明經》 · 《능가경楞伽經》 · 《승만경勝鬘經》 · 《무량수경無量壽經》 등 방등부 여러 경을 설한 시기이다.
연기緣起의 법칙과 주관主觀에 대한 부정을 정리하였다.

반야시般若時 : 그 다음 21년간 반야부의 여러 경전을 설한 시기이다.
공空의 세계를 말하였다.

법화열반시法華涅槃時 : 최후 8년간 《법화경》과 《열반경》을 설한 시기이다.
진실한 세존의 지견持見을 열어 보였다.

세존의 이야기, 49년의 설법과 그에 따른 논쟁이 팔만대장경으로 새겨서 보존되었다.

지금 합천陜川 가야산伽倻山 해인사海印寺에 보관되어 있는 국보32호 팔만대장경은 목판수木板數가 8만개에 8만 4천의 경전이 상재上梓되어 팔만대장경이라 부른다고 한다.

《법화경法華經》〈서품序品〉에서 보살이 팔만 명이 된다고 하니, 팔만대장경의 위엄이 가늠된다.

> "보살마하살이 팔만 명 있었으니, 모두 아뇩다라삼먁삼보리를 얻었고, 모든 다라니에 요설변제를 갖추었다.
>
> 菩薩摩訶薩八萬人, 皆於阿耨多羅三藐三菩提, 皆得陀羅尼樂說辯才."

즉 '팔만八萬'이란 초기불교에서의 상징적인 숫자로서 위대한 불교 교리를 밑받침하였다.

《반야심경般若心經》을 사람들은 '마음의 경전(The heart stura)'이라 한다.

그런데, 왜 마음의 경전이라 하였을까.

그것은 무엇보다도 현장이 번역한 《마하반야바라밀다심경》 제목 '심경心經'에서 기인된 것이 아닐까 생각된다. 만약 구마라집의 《마하반야바라밀대명주경》이 조계종이 공인한 누구나 독송하는 경전이 되었더라면, '대명주경大明咒經'이라 하였을지도 모른다.

마음의 경전인 '심경心經'과 커다란 밝음을 주문呪文하는 경전인 '대명주경大明咒經'의 차이는 분명 있을 것이다. 만에 하나 그것이 그러하다면, 적어도 한번은 그 이유를 살펴보아야 할 일이다.

1-2 반야심경이란

요진姚秦 413년에 입적한 구마라집鳩摩羅什이 언제《마하반야바라밀대명주경摩訶般若波羅蜜大明呪經》을 옮겼는지 확실하지 않다. 다만 서기 401년 구마라집이 58세 되던 해, 장안에 입성한 이후의 번역이라 추측하고 있을 뿐이다.

사실 번역이라 하지만, 그것도 불분명하다.

구마라집이 번역을 하였다면 당연히 그 원본이 있어야 하는데, 지금까지 진본에 대한 어떠한 논의나 진위眞僞에 대한 연구는 없었던 것으로 알고 있다.

현장玄奘도 마찬가지이다.

현장(602 - 664)은 649년에《마하반야바라밀다심경摩訶般若波羅蜜多心經》을 번역하였다는 것이 정설이다.

즉 정관貞觀13년(645년), 서역西域에서 귀국한 현장은 4년 후인 649년《마하반야바라밀다심경》을 종남산終南山 취미궁翠微宮에서 번역하였다는 것은 불교계의 정설이다. 그리고 11년 후인 현경顯慶5년(660년),《대반야바라밀다경大般若波羅密多經》600부의 번역 대장정에 들어갔다고 한다.

그런데 이《마하반야바라밀다심경》은《대반야바라밀다경》〈관조품觀照品〉에서 번역한 것과 흐름이 같은 것일지라도, 현장의《반야심경》은 403년에 번역한 구마라집의《마하반야바라밀경》의〈습응품習應品〉일부와 상당히 일치한다는 주장이 오히려 신빙성을 얻고 있다. 때문에 일부에서는 현장의 번역본이 과연 현장 오로지 본인의 번역인지 의심을 받고 있다고 이야기한다.

《반야심경》의 다양한 범본梵本이 인도에 존재하였던 것으로 추정한다.

그리고 한역본은 당나라 때 11종의 역본譯本이 있었다고 전하여지지만, 지금은 송나라 시호施護의 《성불모반야바라밀다심경聖佛母般若波羅密多心經》과 함께 7가지 한역본만이 남았다.

구마라집(344 - 413)의 왕성한 불경번역 시기인 50대 후반을 감안하면, 현장의 《반야심경》 번역본과는 대략 250년의 시간 차이가 있다. 그리고 현장의 번역본은 현존하는 산스크리트본과 대조하면, 가장 원본에 충실한 번역이라고 한다. 그렇지만 아쉽게도 현존하는 산스크리트본의 정확한 존재를 불교학자 대부분은 자신 있게 말하지 못하고 있다.

즉 당나라와 송나라의 한역본 7가지의 원본을 찾아볼 수 없다는 이야기이다.

일각에서는 현재 사용하는 현장의 《마하반야바라밀다심경》이 과연 현장 본인이 직접 번역한 것인가 하는 설왕설래가 있다고 한다.

《범어로 반야심경을 해설하다》의 저자 김명우는 다음과 같이 말하고 있다.

> "《반야심경》의 산스크리트본과 한역본 문헌에 대하여 기술하고자 한다. 《반야심경》의 산스크리트본은 짧은 것(小本)과 긴 것(大本) 두 종류가 있다. 산스크리트 소본은 《반야심경》의 핵심 중에 핵심을 이루는 본문인 정종분(正宗分)뿐이고, 대본은 서론에 해당하는 서분(序分)과 결론에 해당하는 유통분(流通分)을 부가한 것이다.
>
> 그런데 양본 모두 특이하게도 인도나 중앙아시아 혹은 중국에서 발견된 것이 아니라 유일하게 일본에서만 전해지고 있다. 소본은 일본의 법륭사(法隆寺)에 전해지는 것으로, 609년 오노 이모코(小野妹子)라는 사람이 중국에서 가져왔다고 하지만 그 근거는 없다. 그리고 그것을 죠우곤

(淨嚴)이라는 승려가 1694년 필사했다고 한다. 이것에 대하여 저명한 종교학자 막스 뮐러Max Müller는 법륭사 소본 사본이 8세기 초에 필사된 것으로 주장하고 있으며, 히카다 류쇼(于瀉龍祥)는 8세기 말에 필사본이라 주장하고 있다.

그리고 대본은 장곡사(長谷寺)에 전해지고 있는데, 일본 밀교의 창시자인 코보우 다이시(弘法大師) 쿠우카시(空海)의 제자인 에운(慧運)이라는 승려가 847년 중국에서 가져왔다고 한다. 현재 대본의 사본은 일본 밀교의 총본산 고야산(高野山) 정지원(正智院)에 보관되어 있다.

막스 뮐러는 1884년 소본(법륭사본)과 대본(장곡사본)의 텍스트 및 한역 대본과 소본, 그리고 《불정존승다라니佛頂尊勝陀羅尼》 텍스트와 함께 《반야심경》 소본과 대본의 교정본 및 영역본을 출간하였다.

또한 일본의 저명한 인도철학자인 나카무라 하지메(中村 元)와 기노 카즈시오(紀野一義)는 법륭사 사본과 현장 역이라고 추정되는 《범본반야바라밀다심경》, 산스크리트의 여러 사본을 참조하여 텍스트를 재구성하였을 뿐만 아니라, 일본어 번역본을 출간하였으며(中村 元 1962), 에드워드 콘즈Conze는 중국, 네팔, 일본의 사본들을 비교 연구하여 교정본을 출간하였다. 이처럼 현재 《반야심경》에 관한 대표적인 교정본은 뮐러본(1884), 나카무라본(1962), 콘즈본(1967)의 3본이 출간되었다."

김명우는 산스크리트어로 된 《반야심경》, 소본과 대본 모두가 일본에만 존재한다고 한다. 일본에 보관된 산스크리트본 《반야심경》이 독일의 막스 뮐러를 통해 영어로 번역되어 유럽과 미국으로 전하여지는데, 이것이 지금 우리가 즐겨 독송하는 현장의 번역본과 크게 다르다는 이야기는 어디에도 없다. 그리고 뮐러의 영문 번역본을 읽으면서 《반야심경》의 본질을 이해하기란 결코 쉬운 일이 아니다.

1884년 막스 뮐러에 의한 《반야심경》 영역본*은 아래와 같다.

The Heart Sutra

Friedrich Max Müller

When Bodhisattva Avalokiesvara practices the profound Prajna-paramita, he intuitively realize that the five aggregates(skandhas) are of Sunyata nature thus securing his deliverance from all distress and sufferings.

Sariputra, From(rupa) does not differ from Sunyata, nor Sunyata from form.

Form is identical with Sunyata (and) Sunyata is identical with form.

So also are reception(vedana), conception(sanjna), mental conduct (sam-skara) and consciousness(vijnana) in relation to Sunyata.

Sariputra, the Sunyata nature of all things is neither created nor annihilated; neither impure nor pure ; and neither increasing nor decreasing.

Therefore, in Suyata, there is neither form(rupa), reception(vedana), conception(sanjna), mental conduct(samskara), nor consciousness(vijnana); there is neither form, sound, odor, flavor, feeling nor idea; there are no such things as the eighteen realms of sense(dhatus) from the realm of sight up to that of the faculty of mind(vijnana).

There are no such things as the twelve links in the chain of

---

* 1884년 막스 뮐러가 옮긴 영역본은 《일빛출판사》에서 발간한 《반야심경》에서 인용하였다. 여기에는 영역본만 있다.

existence(nidanas) from ignorance(avidya) with also the end of ignorance up to old age and death(jaramarana) with also the end of old age and death; there are no (such things as) the four noble truths and there is neither Wisdom nor obtainment.

Because of no obtainment, Bodhisattvas who rely on Prajna-paramita, have no hindrance in their minds, and since they have no hindrance, they have no fear, are free from perversive and delusive ideas and attain the Ultimate Nirvana.

All Buddhas of the past, present and future attain the Full Enlightenment(anuttara-samyak-sambodhi) by relying on Prajna-paramita.

So we know that Prajna-paramita is the great supernatural Mantra, the great bright, unsurpassed and unequalled Mantra which can truly and without fail wipe our all sufferings.

Therefore, He uttered the Prajna-paramita mantra which reads :

Gate, Gate, Paragate, Parasamgate Bodhi Svaha!

마음의 경전

막스 뮐러

관자재보살이 심오한 반야바라밀다를 실천할 때, 관자재보살은 직감적으로 5집합체(skandhas)가 공하기에 모든 괴로움과 고통으로부터 구원을 확보하였다.

사리불이여, 형태(rupa)는 공과 다르지 않으며, 공도 형태와 다르지 않다.

형태는 동일한 공이며 (and) 공은 동일한 형태이다.

그래서 수취(vedana), 생각(sanjna), 행동(sam-skara), 의식(vijnana)도 공과의 관계에서 마찬가지이다.

사리불이여, 만물에서 빈 것의 본성은 창조되거나 파멸되지 않으며 ; 불순하지도 순수하지도 않으며 ; 증가하지도 감소하지도 않는다.

그러므로, 빈 것에는, 형식(rupa), 수취(vedana), 구상(sanjna), 정신행동(samskara), 의식(vijnana)이 없으며 ; 거기에는 형태, 소리, 냄새, 맛, 느낌, 관념도 없으며 ; 거기에는 시각의 영역에서 마음의 인식 주체(vijnana)에 이르기까지 18개의 감각 영역(dhatus)도 존재하지 않는다.

존재의 사슬(nidanas)에 있는 열두 개의 연계는 무명(avidya)에서 비롯되는데 또한 늙음과 죽음까지의 무명의 종말(jaramarana) 또한 늙음과 같은 것도 없다 ; 거기에는 (이러한 것들처럼) 사성제도 없으며 그리고 거기에는 지혜도 얻음도 없다.

얻은 것이 없기 때문에, 반야바라밀다에 의지하는 보살들은, 그들의 마음에는 어떤 방해도 없고, 거기에는 아무런 방해도 없으므로, 거기에는 두려움도 없고, 횡포하고 방탕한 생각에서 자유롭기에 끝내 궁극적인 열반을 달성한다.

과거, 현재와 미래의 모든 부처는 반야바라밀다에 의지하여 완전한 깨달음(anuttara-samyak-sambodhi아뇩다라-삼먁-삼보리)를 얻는다.

그래서 우리는 반야바라밀다가 위대한 초자연적 주문인 것을 알 수 있으며, 위대하면서도 밝고, 타의 추종과 동등을 불허하는 주문은 우리 모두의 고통을 진실하게 그리고 영원히 지워버릴 수 있는 것이다.

그래서, 관자재보살은 다음과 같은 반야바라밀다 주문을 말하였다.

아제, 아제 바라아제, 바라승아제 보디 스바하!

막스 뮐러는 19세기에 동양의 신비롭고 지혜로운 주문《반야심경》을 최초로 영어로 옮겨 서방西方에 전하였다.

서방에 전하였지만, 정작 그것을 읽은 사람들이 어떻게 받아들이고 알아들었는지는 모른다.

그는 일본 법륭사에 존재하는 산스크리트본을 연구하였다.

그리고 '공空'을 'sunyata'라, 육경六境과 육근六根 그리고 육식六識의 조합을 '18개 감각의 영역(the eighteen realms of sense)'이라 하였다. 또한 '색즉시공色卽是空, 공즉시색空卽是色'을 'Form is identical with Sunyata (and) Sunyata is identical with form'으로 옮겼으며, '사성제四聖諦'를 'the four noble truths' 영역하여서 《반야심경》을 온 세상에 전하려 고심하였다.

독일인 막스 뮐러의 《반야심경》 번역은 성공적인가.

그렇다고 보기에는 너무 관념적이라 할 수 있다.

All Buddhas of the past, present and future attain the Full Enlightenment (anuttara-samyak-sambodhi) by relying on Prajna-paramita.

과거, 현재와 미래의 모든 부처는 반야바라밀다에 의지하여 완선한 깨달음(anuttara-samyak-sambodhi아뇩다라-삼먁-삼보리)를 얻는다.

뮐러는 반야바라밀에 의지하여 얻었다는 아뇩다라삼먁삼보리阿耨多羅三藐三菩提를 '완전한 계몽啓蒙(the Full Enlightenment)'이라 풀었다. 그는 어둠을 깨부수는 완전한 지혜를 아뇩다라삼먁삼보리라고 하였던 것이다. 사실 이러한 내용은 구마라집이나 현장의 《반야심경》 그리고 산스크리트본을 참고하면 너무나도 쉽게 나올 수 있는 결론 아닌가.

이러한 평이하고도 상식적인 설명으로 어려운 《반야심경》을 외국인이 명료하게 이해할 수 있을까. 그리고 관자재보살이라는 각자覺者는 전지전능하여 직감적으로 5온五蘊(skandhas)이 공하여서 모든 괴로움과 고통으로부터 구원을 확보하였다고 하는 이야기도 너무 상투적이지 않은가.

그리고 뮐러가 참고하였다는 산스크리트어로 된 소본을 일본 법륭사에 보관하고 있다고 하는데, 그 《반야심경》은 609년 오노 이모코(小野妹子)라는 사람이 중국에서 가져왔다는 것이 검증된 사실이라고는 한다. 그런데 609년은 현장이 7세 되던 해이니, 그것은 적어도 현장의 번역본이 아니다. 그리고 구마라집이 번역한 400년 무렵의 소본과는 시기적으로 상당한 차이가 있다.

일본 법륭사에 보관된 산스크리트본 《반야심경》이다.

Prajñāpāramitā - hṛdaya - sūtra*

Namas Sarvajñāya

āryālokiteśvaro bodhisattvo gambhīrāyāṃ prajñā-pāramitāyāṃ carayāṃ caramāṇo vyavalokayati sma : pañca skandhās, tāṃś casvabhāva-śūnyān paśyati sma.

iha Śāriputra rūpaṃ śūnyatā, śūnyatāvia rūpam. rūpān na pṛthak śūnyatā, śūnyatāyā na pṛthag rūpam. yad rūpaṃ sā śūnyatā, yā śūnyatā tad rūpam. evam eva vedanā-saṃjñā-saṃskāra-vijñānāni.

iha Śāriputra sarva-dharmāḥ śūnyatā-lakṣanā anutpannā aniruddhā amalāvimalā nonā na paripūrṇāh. tasmāc Chāriputra śūnyatāyāṃ na rūpaṃ na vedanā na saṃjñā na saṃskārā na vijñānaṃ. na cakṣuḥ-śrotra-ghrāṇa-jihvā-kāya-manāṃsi, na rūpa-śabda-gandha-rasa-spraṣṭavya-dharmāḥ, na cakṣur-dhātur yāvan na mano-vijñāna-dhātuḥ.

na vidyā nāvidyā na vidyākṣayo nāvidyākṣayo yāvan na

jarāmaraṇaṃ na jarāmaraṇakṣayo na duḥkha-samudaya-nirodha-mārgā, na jñānaṃ na prāptih.

tasmād aprāptitvād bodhisattvānāṃ prajñāpāramitām āśritya viharaty a-cittā varaṇaḥ. cittāvaraṇa-nāstitvād atrasto viparyāsātikrānto niṣṭha-nirvāṇaḥ.

---

* 이중표의 《니까야로 읽는 반야심경》에서 원문과 번역문을 인용하였다.

try-adhva- vyavasthitāh sarva-buddhāḥ prajñā-pāramitām āśrityānuttarāṃ saṃyak-sambodhim abhisambuddhāh.

tasmāj jñātavyaṃ prajñā-pāramitā-mahāmantro mahā-vidyā-mantro nuttara-mantro samasama-mantraḥ, sarva-duḥkha-praśamanaḥ. satyam amithyatvāt prajñā-pāramitāyām ukto mantraḥ, tad yathā :

gate gate pāragate pāra-saṃgate bodhi svāhā.

iti prajñā-pāramitā-hṛdayaṃ samāptam.

반야바라밀심경

거룩한 관자재보살님은 깊은 반야바라밀다행을 실천하시면서 오온(五蘊)을 관찰하여, 그것의 자기존재성(自性, svabhāva)이 공(空, śūnyatā)임을 보았다오. (그리하여 일체의 괴로움과 재앙을 벗어났다오.)

샤리뿌뜨라여! 형색을 지닌 몸(色)은 공성(空性)이고, 공성이 실로 형색을 지닌 몸이라오. 형색을 지닌 몸은 공성과 다르지 않고, 공성은 형색을 지닌 몸과 다르지 않으므로, 형색을 지닌 몸이 바로 공성이고, 공성이 바로 형색을 지닌 몸이라오. 느끼는 마음(受), 생각하는 마음(想), 조작하는 마음(行), 분별하는 마음(識)도 실로 이와 같다오.

샤리뿌뜨라여! 일체법의 공성(空性)이라고 하는 특징은 발생한 것이 아니고 소멸된 것이 아니며, 더러워지는 것이 아니고 깨끗해진 것이 아니며, 제거된 것이 아니고 채워진 것이 아니라오. 그러므로 공성(空性) 가운데는 (자아라고 할 수 있는) 형색(色)이 없고, 느끼는 마음(受)이 없고, 생각하는 마음(想)이 없고, 조작하는 마음(行)이 없고, 분별하는 마음(識)이 없고, (주관이라 할 수 있는) 안이비설신의(眼耳鼻舌身意)가 없고, (객관이라고 할 수 있는) 색성향미촉법(色聲香味觸法)이 없고, 안계(眼界)가 없고, 내지 의식계(意識界)까지 없다오.

무명(無明)이 없고, 무명의 소멸(消滅)이 없으며, 내지 노사(老死)가 없고, 노사의 소멸까지 없다오. 고집멸도(苦集滅道)가 없고, 알아야 할 것이 없고, 얻을 것이 없고, 얻지 못한 것이 없다오. 그러므로 얻을 것이 없기 때문에 보살은 반야바라밀다에 의지하여 마음에 걸림이 없이 살아가며, 마음에 걸림이 없기 때문에 두려움이 없이 전도몽상을 뛰어넘어 마침내 열반을 성취하며, 삼세의 모든 부처님들은 반야바라밀다에 의지하여 무상정등정각(無上正等正覺)을 성취한다오.

그러므로 알아야 한다오. 반야바라밀다는 위대한 진언(眞言)이며, 위대하고 밝은 진언이며, 무상의 진언이며, 비할 바 없는 진언이며, 일체의 괴로움을 없애주며, 진실이며, 거짓이 아니라오. 반야바라밀다의 진언을 설하면 다음과 같다오.

가테 가테 파라가테 파라상가테 보디 스와하.

산스크리트어를 로마자 표기로 옮긴 《반야심경》과 그것을 번역한 내용이다.

이중표의 번역이 상세한 줄은 알겠지만, 우리가 익히 알고 있는 내용과는 별반 차이가 없는 것도 사실이다.

그리고 워싱톤대학의 에드워드 콘즈(Edward Conze)가 중국, 네팔, 일본의 사본들을 비교 연구하여 교정본을 출간하였던 소위 콘즈본을 살펴보면, 지금 우리들이 알고 있는 현장의 《마하반야바라밀다심경》에서 별반 크게 차이가 나지 않는다.

에드워드 콘즈의 영역본英譯本*은 아래와 같다.

The Heart Stura

Edward Conze

Homage to the Perfection of Wisdom, the Lovely, the Holy!

Avalokita, The Holy Lord and Bodhisattva, was moving in the deep course of the Wisdom which has gone beyond. He looked down from on high, He behold but five heaps, and he saw that in their own-being were empty.

Here, O Sariputra, form is emptiness and the very emptiness is form ; emptiness does not differ from form, form does not differ from emptiness ; whatever is form, that is emptiness, whatever is emptiness, that is form, the same is true of feelings, perceptions, impulses and consciousness.

Here, O Sariputra, all dharmas are marked with emptiness ; they are not produced or stopped, not defiled or immaculate, not deficient or complete.

Therfore, O Sariputra, in emptiness there is no form, nor feeling, nor perception, nor impulse, nor consciousness ; No eye, ear, nose, tongue, body, mind ; No forms, sounds, smells, tastes, touchables or objects of mind ; No sight-organ element, and so forth, until we come to : No mind-consciousness element ; There in no ignorance, no extinction of

---

* 이학필의 《영어로 읽는 반야심경, 마음을 비우는 지혜》에서 인용하였다. 그리고 영문을 우리말로 옮겼는데, 김태완 번역을 참고하였다.

ignorance, and so forth, until we come to : there is no decay and death, no extinction of decay and death. There is no suffering, no origination, no stopping, no path. There is no cognition, no attainment and no non-attainment.

Therefore, O Sariputra, it is because of his non-attainmentness that a Bodhisattva, through having relied on the perfection of wisdom, dwells without thought-coverings. In the absence of thought-coverings he has not been made to tremble, he has overcome what can upset, and in the end he attains to Nirvana.

All those who appear as Buddhas in the three periods of time fully awake to the utmost, right and perfect enligntement because they have relied on the perfection of wisdom.

Therefore one should know the prajnaparamita as the great spell, the spell of great knowledge, the utmost spell, the unequalled spell, allayer of all suffering, in truth-for what could go wrong. By the prajnaparmita has this spell been delivered. It runs like this :

Gone, gone, gone beyond, gone altogether beyond, O what an awakening, all-hail!

This completes the Heart of perfect wisdom.

마음의 경전

에드워드 콘즈

완전한 지혜, 사랑, 신성함에 귀의합니다!

신령스런, 관자재보살이, 피안에 다다른 깊은 지혜를 실행하고 있었다. 그가 높은 곳에서 내려다보니, 오온만을 볼 수 있었는데, 오온이 본래 빈 것임을 깨달았다.

여기를 보아라, 오 사리불이여, 형태는 빈 것이며 빈 것이 바로 형태이다 ; 빈 것은 형태와 다르지 않고, 형태는 빈 것과 다르지 않다 ; 형태인 것은, 무엇이든지 빈 것이며, 빈 것은 무엇이든지, 모두 형태이며, 느낌, 지각, 충동 그리고 의식도 마찬가지이다.

여기를 보아라, 오 사리불이여, 모든 법은 빈 것이다 ; 그것들은 만들어지지도 않고 그치지도 않으며, 더러워지지도 않고 깨끗해지지도 않으며, 모자라지도 않고 완전하지도 않다.

그러므로, 오 사리불이여, 빈 것에는 형태도 없고, 느낌도 없고, 지각도 없고, 충동도 없고, 의식도 없다 ; 눈도, 귀도, 코도, 혀도, 몸뚱이도, 뜻도 없다 ; 형태도, 소리도, 향기도, 맛도, 접촉도, 법도 없다 ; 눈의 경계에서 : 의식의 경계까지도 없으며 ; 무명도 없고, 무명이 다함까지도 없으며 : 거기에는 쇠락과 죽음도 없고, 쇠락과 죽음의 소멸도 없다 ; 거기에는 고통도 없고, 원인도 없고, 멈춤도 없고, 길도 없다. 거기에는 인식도 없고, 달성도 없고 달성하지 않음도 없다.

그러므로, 오 사리불이여, 달성함이 없기 때문에 보살은 완전히 지혜에 의지하여 구속됨이 없이 살아간다. 생각에 구속됨이 없으므로 그는 두려움에 떠는 일이 없으며, 뒤집어질 수 있음을 이겨내고 마침내 열반을 얻는다.

삼세에 부처로 나타나는 모든 이들은, 완전한 지혜에 의지하기 때문에 최고의 바르고 완전한 깨달음에 도달한다.

그러므로 반야바라밀다는 위대한 주문이며, 위대한 지혜의 주문이며, 최상의 주문이며, 둘도 없는 주문이며, 모든 고통을 누그러뜨릴 수 있으며, 진실하여 결코 잘못될 수가 없는 것임을 알아야 한다. 반야바라밀에 의하여 이 주문을 전한다. 그것은 다음과 같다 :

가고, 가서, 넘어가서, 함께 넘어가니, 오 깨달음이여, 만세!

완전한 지혜의 마음이 완성된다.

뮐러본과 마찬가지로 콘즈 번역에서도 눈여겨볼 부분은 아래와 같다.

반야바라밀般若波羅密 :

The deep course of the Wisdom which has gone beyond.

피안에 다다른 깊은 지혜

아뇩다라삼먁삼보리阿耨多羅三藐三菩提 :

The perfection of Wisdom.

완전한 지혜

아제 아제 바라아제 바라승아제 모지 사바하

揭帝 揭帝 波羅揭帝 波羅僧揭帝 菩提 娑婆訶 :

Gone, gone, gone beyond, gone altogether beyond, O what an awakening, all-hail!

가고, 가서, 넘어가서, 함께 넘어가니, 오 깨달음이여, 만세!

누구나가 인정하는 《반야심경》에서 가장 중요한 부분이다.

콘즈는 영어로 번역하면서 '지혜' 또는 '위대한 지혜' 또는 '깨달음'으로 옮겼을 뿐이지, 확실하면서도 그만의 독특한 주장을 제시하지는 못하였다. 이 번역을 보노라면, 그저 복잡하고 머리 아픈 한 편의 철학시편을 떠올리게 할 뿐이다.

이러한 경향은 앞에서 소개하였던, 막스 뮐러의 영역본도 마찬가지이다.

결국 그러한 각고의 번역들이 구마라집의 《마하반야바라밀대명주경》 이해에 도움을 주지 못하였다는 이야기이다.

사실 지금의 일본에 있는 산스크리트본이 정확히 언제 작품인가도 밝혀진 것이 없다.

놀랍게도 일부에서는 그 산스크리트본이 현장의 《반야심경》을 번역한 것이라고 한다. 이렇게 역번역(Back translation)되었다는 중요한 사실을 프랑스 문헌학자 장 네티어Jan Nettier가 주장하였다고 승명은 그의 저서에서 밝혔다.

결론적으로 《반야심경》에 대하여서 우리는 모르는 것이 많다는 것이다.

《반야심경般若心經》 한역본漢譯本의 7종을 살펴보자.

1. 구마라집鳩摩羅什 소본小本《마하반야바라밀대명주경摩訶般若波羅密大明咒經》
2. 현장玄奘(649년) 소본小本《마하반야바라밀다심경摩訶般若波羅密多心經》
3. 반야般若(734-810)와 리언利言 대본大本《반야바라밀다심경般若波羅密多心經》
4. 법월法月(738) 重譯《보편지장반야바라밀다심경普遍智藏般若波羅密多心經》
5. 지혜륜智慧輪《반야바라밀다심경般若波羅密多心經》
6. 법성法成《반야바라밀다심경般若波羅密多心經》
7. 시호施護《성불모반야바라밀나심경聖佛母般若波羅密多心經》

구마라집과 현장의 번역본은 약본略本인 소본역小本譯이다.

반야와 리언 그리고 송나라 시호의 번역본은 광본廣本인 대본역大本譯이다.

약본이 아닌 광본이 불경의 체제인 서분序分 · 정종분正宗分 · 유통분流通分을 갖추었다고는 하지만, 여기에서 내용상으로 크게 차이가 없는 것도 사실이다.

대품大品 불경은 서분과 유통본 그리고 정종분으로 구성되어 있다.

서분은 세존이 경을 설하신 이유를 밝힌 것이라면, 정종분은 그 내용을 열거한 것이고, 유통분은 그 이야기를 널리 전파하기 위한 구성이라 할 수 있다.

이를 삼분과경三分科經이라 하며, 이러한 편찬방법은 동진東晉 석도안釋道安(312 - 385)에 의해 시작되었다고 한다. 도안은 전진前秦 황제 부견符堅에게 서역의 구마라집을 장안으로 데려올 것을 제안한 인물이다. 특히 도안과 구마라집은 용수의 중관사상에 정통하여 '공空'에 대한 연구가 깊었던 선승들이니, 구마라집의 '색즉시공色卽是空, 공즉시색空卽是色'은 아마도 이 무렵에 그러한 인연으로 시작되었을 것이다.

그리고 738년 중인도 마가다국Magadha 출신 법월이 한역한 반야심경은 산스크리트 대본과 내용이 일치한다. 또한 번역자를 알 수 없는《당범번대자음반야바라밀다심경唐梵飜對字音般若波羅密多心經》이 존재한다. 소본인 산스크리본을 한자로 음사音寫 또는 음역音譯하였기 때문에 엄밀한 의미에서 한역이라 할 수 없다. 그리고 부기附記되어 있는 '관자재보살이 삼장법사 현장에게 친히 가르쳐준 범본이라 윤색하지 않았다(觀自在菩薩與三藏法師玄奘親教授梵本不潤色)'는 내용에는 관자재보살이 등장하여 눈길을 끌지만, 그 허구성의 정확한 진위를 확인할 수는 없다.

아무튼 당시 음가를 파악하는 중요한 자료일 뿐이다. 이 자료는 돈황燉煌 막고굴에서 발견되었고, 현재 영국 대영박물관에 보관되어 있다.

《당범번대자음반야바라밀다심경唐梵飜對字音般若波羅密多心經》*은 아래와 같다.

唐梵飜對字音般若波羅密多心經
당범번대자음반야바라밀다심경

鉢囉(二合)(般)誐攘(二合)(若)播(波)囉(羅)弭(密)哆(多)紇哩(二合)那野(心)素怛囕(經) 阿哩也(二合)(聖)嚩嚕(觀)枳帝(自)濕嚩路(在)冒地(菩)娑怛侮(薩)(二) 儼鼻囕(沈)鉢囉(二合)(般)誐攘(若)播(波)囉(羅)弭(密)哆(多)(三) 左哩焰(二合)(行)左囉(行)吹尾也(二合)(時)(四) 嚩嚕(引)迦(照)底娑麽(二合)(見)畔左(五) 塞建(引)馱(引)(五蘊)娑怛(引)室左(二合)(彼)

* 이중표의《니까야로 읽는 반야심경》에서 인용하였다.

娑嚩(自)娑嚩(引)(性)戍儞焰(二合)(空)跛失也(二合)底娑麽(二合)(現)伊賀(此)(七) 捨(舍)哩(利)補怛羅(子)(二合)(八) 嚕畔(色)戍儞焰(二合)(空)戍儞也(二合)(空)嚩(性)嚩(是)嚕畔(色)(九) 嚕播(色)曩(不)比嘌(二合)他(異)戍儞也(二合)哆(空)(十) 戍儞也(二合)(空)哆野(亦)(十一) 曩(引)(不)比嘌(二合)他(異)薩嚕(二合)畔(色)(十二) 夜(是)怒嚕(二合)畔(色)娑戍(彼)儞也(二合)哆夜(空)(十三) 戍(是)儞也(二合)哆(空)娑(彼)嚕畔(色)(十四) 曀嚩(如)弭嚩(是)(十四) 吠那攘(受)散誐攘(想)散娑迦(引)囉(行)尾誐攘(二合)喃(識)(十五) 伊賀(此)捨(舍)哩(利)補怛羅(子)(二合)(十六) 薩囉嚩(諸)達麽(法)戍儞也(二合)哆(空)落乞叉(二合)拏(相)(十七) 阿怒(不)哆播(二合)曩(生)阿寧(不)嚕馱(阿不)(十八) 阿(不)尾麽羅(淨)(十九) 阿(不)怒曩(增)阿(不)播哩補羅拏(減)(二合)(二十) 哆(是)娑每(故)捨(舍)哩(利)補怛囉(子)(二合)(廿一) 戍儞也(二合)(空)哆焰(中)曩(無)(上)嚕畔(色)(二十二) 曩(無)吠(引)那裏(受)(二十三) 曩(無)散誐攘(想)(二合)(二十四) 曩(無)散娑迦囉(行)(二合)(二十五) 曩(無)尾誐攘(二合)喃(識)(卄六) 曩(無)矽乞蒭(眼)戍嚕怛囉(二合)(耳)迦囉(二合)拏(鼻)爾賀(舌)嚩迦野(身)麽曩勒(意)(卄七) 曩(無)嚕畔(色)攝那(聲)彦馱(香)囉娑(味)娑播囉(二合)瑟吒尾也(觸)(二合)達麽(法)(卄八) 曩(無)矽蒭(眼)(二合)馱都(界)(卄九) 哩也(乃)(二合)嚩(至)曩(無)麽怒(意)尾誐攘言我(二合)喃(識)馱都(界)(卅) 曩(無)尾儞也(明)(卅一) 曩(無)尾儞也(明盡無)(卅二) 曩(無)尾儞也(明)乞叉喻(盡)(卅三) 曩(無)尾儞也(明)乞叉喻(盡)(卅四)

野(乃)嚩(至)噁囉(老)麽囉喃(無)(卅五) 曩(無)噁囉(老)麽囉拏(無)乞叉喻(盡)(卅六) 曩(無)耨佉(苦)娑敏那野(集)寧嚕馱(滅)麽(哩)誐攘(二合)(道)(卅七) 曩(無)誐攘喃(智)(卅八) 曩(無)鉢囉(二合)比底(得)(卅九) 曩(無)鼻娑麽(證)(四十) 哆(以)娑每無那(所)鉢囉(二合)比府(得)(二合)怛嚩(故)(四十一) 冒(菩)地(提)娑(薩)怛嚩喃(唾)(四十二) 鉢囉(般)(二合)誐攘(若)播(波)囉弭(多)(四十三) 麽室哩底也(二合)(依)尾賀(於)囉底也(二

合)(呪)(四十四) 只路(心)嚩(無)囉(罣)拏(礙)(四十五) 尾儞也(明)乞叉喻(盡)(三十三) 曩(無)尾儞也(明)乞叉喻(盡)(卅四) 野(乃)嚩(囉至曩無)嗟囉(老)麽囉喃(死)(卅五) 曩(無)嗟囉(老)麽囉拏(死)乞叉喻(盡)(卅六) 曩(無)耨佉(苦)娑每 那野(集)寧噜馱(滅)麽哩誐攘(二合)(道)(卅七) 曩(無)誐攘喃(智)(卅八) 曩(無)鉢囉(二合)比低(得)(卅九) 曩(無)鼻娑麽(證)(四十) 哆(以)娑每(無)那(所)鉢囉(二合)比底(得)(二合)怛嚩(四十一) 冒(菩)地(提)娑(薩)怛嚩喃(唾)(四十二) 鉢囉(般)(二合)誐攘(若)播(波)囉(羅)弭(密)哆(多)(四十三) 麽室哩底也(二合)(依)尾賀(於)囉底也(二合)(呪)(四十四) 只哆(心)嚩(無)囉(罣)拏(礙)(四十五) 只路(心)囉(罣)拏(礙)(四十六)

曩(無)悉底怛嚩(二合)(有)那(恐)惶哩(二合)素都(二合)(怖)(四十七) 尾播(顚)哩也(二合)娑(倒)底(遠)伽蘭哆(離)(四十八) 寧(究)瑟吒(竟)寧哩也嚩(二合)(涅)喃(盤)(四十九) 底哩也(三)(二合)馱嚩(二合)(世)(五十) 尾也(二合)嚩(所)悉體路(經)娑嚩(諸)沒馱(佛)(五十一) 鉢囉(般)誐攘(二合)(若)擺(波)囉(羅)弭(密)哆(多)(五十二) 麽室哩(故)底世(二合)(得)耨(無)路蘭(上)糁藐世(二合)(等)糁(正)沒地(竟)(五十三) 麽鼻糁沒馱哆(引)(是)娑每(故)(二合)誐攘(二合)哆(應)尾演(知)(五十四) 鉢囉(般)誐攘(二合)(若)播(派)囉(羅)弭(密)哆(多)(五十五) 麽賀(引)(大)滿怛噜(呪)(五十六) 麽賀(引)(大)尾儞也(明)(二合)滿怛囉(呪)(五十七) 阿(無)耨哆囉(上)滿怛囉(呪阿無)(五十八) 娑麽(等)娑底(等)滿怛囉(呪)(五十九) 薩(一)嚩(切)耨佉(苦)鉢囉(二合)捨(止)曩(息卒)娑(眞)底也(實)麽弭(不)贊哩也(二合)怛嚩(虛)(二合)(六十一) 鉢囉(二合)(般)誐攘(若)播(波)囉(羅)弭(密)哆(多)(六十二) 目訖姤(說)滿怛囉(呪)(二合)怛儞(也)他(二合)(日)(六十三) 誐諦誐諦(六十四) 播囉誐諦(六十五) 播囉僧誐諦(六十六) 冒地(引) 娑嚩賀(六十七)

산스크리트어를 한자로 음사音寫하고, 각각의 음에 한역을 부가하는 방법이다.

鉢囉(발나)는 범어梵語 'pra'의 음사音寫이고, 般(반)은 음역音譯이다.

범어인 '프라(pra)'를 한자음 鉢囉(발나)로 옮기고, 한자로는 반般이라 하였다는 이야기이다.

그리고 '阿哩也(二合)(聖)嚩嚕(觀)枳帝(自)濕嚩路(在)冒地(菩)娑怛侮(薩)(二)'가 있다.

바로 '관자재보살觀自在菩薩'의 표현이다.

여기에서는 '관세음보살觀世音菩薩'이라 하지 않고 '관자재보살觀自在菩薩'이라 하였다.

그리고 '阿哩也아리야'라 하여 관자재보살을 성스럽게 수식하였다. 이는 산스크리트어 '아르야ārya'의 발음을 음차하여 한자어로 옮긴 것이다.

'아르야ārya'는 무엇인가.

일본 법륭사에 보관되어 있는 산스크리트본에는 이렇게 표현되어 있다.

āryālokiteśvaro bodhisattvo gambhīrāyām prajñā-pāramitāyām carayām caramāṇo vyavalokayati sma : pañca skandhās, tāmś casvabhāva-śūnyān paśyati sma.

거룩한 관자재보살은 깊은 반야바라밀다행을 실천하면서 오온(五蘊)을 관찰하여, 그것의 자기존재성〔自性, svabhāva〕이 공(空, śūnyatā)임을 보았다.

즉 'āryālokiteśvaro bodhisattvo(성스러운 관자재보살)'에서의 'āryā(성스러운)'이다.

이런 방법으로 당나라에서 범어인 《반야바라밀다심경》을 한자음으로 번역하였으니 《당범번대자음반야바라밀다심경唐梵飜對字音般若波羅密多心經》이라 이름하였다고 전한다.

산스크리어로 된 범본은 다른 지역에서는 발견되지 않았고, 오직 일본에 광본과 약본의 사본이 있으니, 대화의 장곡사에는 광본이 나라의 법륭사에는 약본이 보존되고 있는 것이다.

반야심경은 유럽에도 번역 출판되어 널리 보급되었다.

1884년에는 독일인 막스 뮐러와 난조 분유(南條文雄)가 장곡사 소장의 광분과 법륭사 소장의 약본을 정리하여 영문판으로 출판하였다. 그리고 1866년 프랑스의 레온 페르L. Feer는 광본을 프랑스어로 번역하였다.

바야흐로 《반야심경》은 세계적 경전이 되었다.

그러나 지금까지 《반야심경》의 진면목을 제시하지는 못하고 있다.

《반야심경》의 바른 모습을 파악하기 위하여 구마라집의 《마하반야바라밀대명주경》과 현장의 《마하반야바라밀다심경》을 비교 분석하였다. 그리고 구마라집의《마하반야바라밀대명주경》을 저본底本으로 하여, 《반야심경》의 다양한 문제를 제시하였다.

1-3 반야심경은 왜 어려운가

구마라집의 《마하반야바라밀대명주경》은 초기 근본불교에서의 온존한 세존의 이야기라 할 수 없다. 의견이 분분하였던 부파불교를 거친 대승불교에서의 《대품반야경大品般若經》을 압축한 경전이기 때문이다. 그렇다고 요진의 구마라집이 어떤 경전을 번역하였다는 정확한 이야기도 없다. 250년 후, 당나라 현장의 번역 또한 마찬가지이다.

그렇다면 《마하반야바라밀대명주경》이 구마라집의 독창적 창작인지 실험적 번역인지도 확실하지 않다는 결론이다.

구마라집은 반야 계통의 경전과 연기설을 제창한 용수龍樹(150? - 250?)의 중관학파 논서를 주로 번역하여, 삼론종三論宗* 존재 근거를 마련하였다는 것이 불교계의 정설이다.

용수는 '유무有無 양쪽 어느 곳에도 집착하지 않는다'는 내용의 《중론中論》을 지었고, 소위 제2의 세존이라 불리는 대승불교의 대표적 인물이다. 그는 남천축 바라문 출신으로 인도 이름은 나가르주나Nagarjuna이다. 어머니가 아주타나阿周陀那** 나무 아래에서 그를 낳았기에 용수龍樹라 하였다.

---

* 삼론종三論宗 : 수나라 때 길장대사吉藏大師(549 - 623)가 창립하였다.
용수의 《중론中論》·《십이문론十二門論》과 제자인 제바提婆의 《백론百論》 등 삼론三論에 근거하여 종파를 세웠기 때문에 삼론종이라 부른다. 삼론종은 용수 중관학파의 중국적 흡수라 할 수 있다. 삼론종의 주요한 이론은 연기성공緣起性空이다.

** 아주타나阿周陀那 : 산스크리트어 아르주나Arjuna의 음사音寫이다.
인도지방에서 자라는 교목으로, 수피에 광택이 나고 잎은 마주나며, 꽃대에 여러 개의 작은 꽃이 서로 어긋나게 피는 나무이다.

중관학 개창자인 용맹龍猛의 대명사인 용수는 '공空'의 관념을 불교계에 제창하였고, 그의 소위 연기성공緣起性空 사상은 대승불교의 기초를 다졌으며, 반야般若의 '공空'을 이론적으로 체계화시켰던 인물이다. 용수의 사상적 근거는 '공'인데, 공사상은《반야심경》의 공관空觀을 발전시킨 것이다. 그렇지만 방대한 분량의《대품반야경》에서는 공을 반복적으로 강조하면서도 그것을 이론적으로 설명하지 못하였다는 것이 불교계의 일설이다.

그리고 구마라집 연보를 참고하면, 용수의 제자라는 수리야소마須利耶蘇摩*가 12살인 구마라집에게《아뇩달경阿耨達經》을 강설하였다는 이야기가 있다. 이러한 정황을 종합한다면 구마라집과 수리야소마 그리고 용수와의 관계는 사제지간이 되는 셈이다.

《고승전高僧傳》〈구마라집鳩摩羅什〉에는 아래와 같은 내용을 전한다.

> "당시 사거왕자 · 참군왕자 형제 두 사람이 있었는데, 나라의 직무를 저버리고, 사문이 되었다. 형은 자를 수리야발타라 하고, 아우는 자를 수리야소마라 하였다. 수리야소마는 재주와 기량이 월등하게 뛰어나, 오로지 대승으로 교화하였다.
>
> 그의 형과 여러 학자들이, 모두 그를 스승으로 섬겼다. 구마라집도 역시 수리야소마를 존숭하고 받들었으며, 가까이하여 좋아함이 더욱 지극하였다.
>
> 수리야소마는 뒤에 구마라집을 위하여《아뇩달경阿耨達經》을 설하였다. 구마라집은 음陰 · 계界 · 제입諸入은 모두 공하고 무상하다는 설법을 들었는데, 괴이쩍게 여겨 질문하였다.

---

* 수리야소마須利耶蘇摩 : 서역西域 사거국莎車國 왕자이다.
형인 수리야발타須利耶跋陀와 함께 출가하여, 대승불교大乘佛敎 발전에 기여하였다. 구마라집이 그를 스승으로 모셨다. 수리야소마는 구마라집에게 대승경전인《아뇩달경》을 강설하였고, 구마라집은 수리야소마의 영향으로 대승불교로 전환하였다.
용수龍樹와 수리야소마는 후에 삼론종三論宗에 큰 영향을 끼쳤다.

이 경에는 다시 무슨 뜻이 있기에, 모든 법을 있는 족족 파괴해 버립니까.

수리야소마는 답하였다.

안眼 등의 모든 현상은 진실로 존재하는 것이 아니다.

구마라집은 일찌기 안근眼根이 존재한다고 집착하였으며, 수리야소마는 인과로써 이루어진 것일 뿐 실체는 없다는 데 근거하였다. 이 때문에 대승과 소승을 깊이 궁구하고 밝혀서, 서로 주고받는 문답이 오랜 시일 동안 계속되었다.

구마라집은 비로소 이치의 돌아갈 곳이 있다는 것을 알고, 마침내 오로지 대승경전만 힘써 공부하였다.

이에 탄식하며 말하였다.

내가 옛날에 소승을 배운 것은, 마치 어떤 사람이 황금을 알지 못한 채, 놋쇠를 묘하게 여긴 것과 같다.

時有莎車王子 · 參軍王子兄弟二人, 委國請從, 而爲沙門. 兄字須利耶跋陁, 弟字須耶利蘇摩. 蘇摩才伎絕倫, 專以大乘爲化. 其兄及諸學者, 皆共師焉. 什亦宗而奉之, 親好彌至. 蘇摩後爲什說《阿耨達經》. 什聞陰界諸入皆空無相, 怪而問曰. 此經更有何義, 而皆破壞諸法. 答曰. 眼等諸法非眞實有. 什旣執有眼根, 彼據因成無實. 於是硏覈大小, 往復移時. 什方知理有所歸, 遂專務方等. 乃歎曰. 吾昔學小乘, 如人不識金, 以鍮石爲妙."

구마라집은 수리야소마에게서 오음五陰이 공空하다는 깨달음을 얻었다고 한다.

즉 안이비설신의眼耳鼻舌身意의 육촉입처六觸入處인 실체를 깨닫고 소승에서 대승(mahā-yāna)으로 옮겨 탔다고 이야기하고 있는 것이다. 수리야소마를 스승으로 하여 구마라집이 비로소 이치를 깨닫고 오로지 대승경전에만 힘써 공부하였다는 이야기다.

이로써 용수와 수리야소마 그리고 구마라집의 관계는 어렴풋이 밝혀진 것이다.

구마라집의 《용수보살전龍樹菩薩傳》에서 그 내용 또한 새롭다.

"이때, 비로소 욕망이 괴로움의 근본이며 모든 화의 근본임을 깨달았다. 덕을 버리고 몸을 위태롭게 하니 모두 이것에 말미암아 일어나는 것이라 여겼다.

곧 스스로 맹세하여 말한다.

내가 만약 이것에서 벗어날 수 있다면 마땅히 사문에게 나아가 출가법을 받으리라.

즉시 떨치고 산에 들어가 불탑을 만나 출가하여 계를 받았다. 구십일 동안 삼장을 다 외웠다. 다시 다른 경을 구하였으나 얻을 곳이 없었다. 마침내 설산에 들어갔는데 산중에 탑이 있었다. 그 탑 안에 늙은 비구가 있었다. 마하연의 경전을 용수에게 주었다. 외우면서 좋아하여 비록 실제의 뜻을 알았지만 날카로운 통찰을 얻지는 못하였다. 여러 나라를 돌아다니며 다시 다른 경전을 구하였으나, 염부제 가운데서도 얻지 못하였다….

홀로 수정으로 지은 조용한 방에 있었다. 대룡보살이 이것을 보고 그를 가련히 생각하고 불쌍히 여겼다. 즉시 그를 받아들여 바다에 들여보내었다. 궁전에 있는 칠보화로 꾸며진 궤짝을 열자, 화려한 궤짝에서 칠보가 나왔다. 모든 방등의 심오한 경전과 한량없는 묘한 법을 그에게 주었다. 용수보살이 받아 읽은 지 90일 만에 이해한 것이 매우 많았다.

대룡보살이 그 마음을 알고 물어 말하였다.

그대는 모두 읽어 보았는가.

용수보살이 답하였다.

당신의 모든 궤짝 속의 경전은 많기가 한량이 없어 다할 수 없습니다. 내가 읽은 것이 이미 염부제보다 열 배는 됩니다.

是時, 始悟欲爲苦本衆禍根. 敗德危身皆有此起. 即自誓曰. 我若得脫當脂沙門受出家法. 即出入山脂一佛塔出家受戒. 九十日中誦三藏盡. 更求異經都無得處. 遂入雪山山中有塔. 塔中唯一老比丘. 以摩訶衍經典與之. 誦受愛樂雖知實義未得通利. 周遊諸國更求餘經, 於閻浮提* 中遍求不得….

獨在靜處水晶房中. 大龍菩薩見其如是惜而愍之. 即接之人海. 於宮殿中開七寶藏, 發七寶華函. 以諸方等深奧經典無量妙法授之. 龍樹受讀九十日中通解甚多. 其心深入體入得寶理. 龍知其心而問之曰. 看經遍未. 答言. 汝諸函中經多無量不可盡也. 我可讀者已十倍閻浮提."

구마라집이 전하는 용수에 대한 이야기는 전래동화처럼 재미있다.

바라문 출신인 용수는 친구들과 은신술을 배워 왕궁의 미녀들과 몰래 여색을 탐한다. 급기야 왕궁의 미녀들 모두가 임신하자, 결국 왕국 무사들에 의해 친구 모두가 비명횡사를 당한다. 구사일생으로 살아난 용수는 무엇 때문에 그러한 부끄럽고도 명예롭지 못한 일이 벌어졌는가 곰곰 따져보고서, 색에 대한 욕망을 버리려 불가에 입문하게 된다. 그러나 염부제의 불전에서도 해답을 찾지 못하다가, 우연히 수정방에서 대룡보살인 용왕을 만나게 된다. 용수는 대룡보살에 이끌려 깊은 바다 용궁으로 가서, 칠보궤짝에 보관되어 있던 방등方等의 경전과 묘법妙法을 90일 동안 공부하였다. 그리고 그 궤짝에 있던 경전들이 염부제의 불경보다 훨씬 심오하다고 대룡보살에게 말한다.

용수가 말한 불경보다도 심오하다는, 궤짝에 담겨 있던 방등과 묘법은 무엇인가.

---

* 염부제閻浮提 : 불교 우주관에 나타나는 대륙(洲)의 명칭으로 섬부주贍部洲라고도 한다. 세계 중심인 수미산須彌山 남방, 대해大海에 위치한다. 이곳에서 세존이 출현한다고 전한다.

그리고 구마라집은 용수를 왜 그렇게 표현하였는지 자못 흥미롭다.

일설에는 용수가 대룡보살에 이끌려 용궁에 다녀와서는 《중론中論》을 지었다는 이야기도 있다.

정신적이든 물질적이든 실재는 존재하지 않으며, 모든 것은 공하다는 중관학파 용수의 이론을 집중적으로 번역하였던 구마라집.

408년 장안 소요원에서 구라라집은 삼라만상의 실상을 파악하는 그 유명한 《소품반야바라밀경小品般若波羅密經》을 번역한다.

《소품반야바라밀경》의 〈석제환인품釋提桓因品〉이다.

"교시가. 그대는 보살이 어떻게 반야바라밀에 머무르는지를 일심으로 들어라. 교시가. 보살은 공의 법으로 반야바라밀에 머무름으로써 거룩한 서원으로 장엄된 가르침과 대승의 가르침을 따른다.

색에 머무르지 않으며, 수상행식에도 머무르지 않는다. 영원하든 영원하지 않든 색에 머무르지 않으며, 영원하든 영원하지 않든 수상행식에도 머무르지 않는다. 즐겁든 괴롭든 색에 머무르지 않으며, 즐겁든 괴롭든 수상행식에도 머무르지 않는다. 청정하든 청정하지 않든 색에 머무르지 않으며, 청정하든 청정하지 않든 수상행식에도 머무르지 않는다. 나라는 것이 있든 나라는 것이 없든 색에 머무르지 않으며, 나라는 것이 있든 나라는 것이 없든 수상행식에도 머무르지 않는다. 공이든 공이 아니든 색에 머무르지 않으며, 공이든 공이 아니든 수상행식에도 머무르지 않는다. 성인의 맨 처음 단계인 수다원과에도 머무르지 않으며, 욕망의 세계에 다시 태어나지 않는 아나함과에도 머무르지 않으며, 성문 가운데 최고의 지위인 아라한과에도 머무르지 않으며, 홀로 깨치는 벽지불도에도 머무르지 않고, 부처의 법에도 머무르지 않는다.

憍尸迦*. 汝一心聽菩薩住般若波羅密. 憍尸迦. 菩薩發大藏嚴乘於大乘以空法住般若波羅密. 不應住色, 不應住受想行識. 不應住色若常若無常, 不應住受想行識若常若無常. 不應住色若苦若樂, 不應住受想行識若苦若樂. 不應住色若淨若不淨, 不應住色若我若無我, 不應住受想行識若我若無我. 不應住色若空若不空, 不應住受想行識若空若不空. 不應住須陀洹果, 不應住斯陁含果, 不應住阿那含果, 不應住阿羅漢果, 不應住辟支佛道, 不應住佛法."

구마라집의 《마하반야바라밀대명주경》 중심 내용인 '색즉시공, 공즉시색'은 용수의 중관학인 '공'을 답습한 내용임을 알 수 있다.

'색즉시공色卽是空, 공즉시색空卽是色'

'공空'은 '수상행식受想行識'을 포함한 '색色' 즉 '오온五蘊'과 같다고 하였다.
즉 구마라집의 '오음공五陰空'이다.
'색色'이 곧 '공空'이라는 내용이 《반야심경》의 핵심이다.
간결한 얼개지만, 오랜 세월을 거친 이해와 분석에 있어서도 도무지 명징하지가 않다.
이 혼돈의 해결은 《아함경阿含經》·《화엄경華嚴經》 그리고 《법화경法華經》의 연결과 해득에서 돌파될 수도 있을 것이다.
우리는 팔만대장경의 핵심인 《대반야경》 600부를 축약한 것이 《금강경》이고, 그 《금강경》을 요약한 것이 《반야심경》이라 알고 있다.
그러나, 이러한 추론에서도 '공空'은 여전히 오랜 세월 허공虛空에서 떠도는 현란한 꽃송이 같은 화두일 뿐이다.

* 교시가憍尸迦 : 석제환인釋提桓因의 다른 이름. 교지가憍支迦라고도 한다.

어째서 그럴까.

왜 그렇게 되었을까.

이러한 의문이 바로 이 《반야심경般若心經, 다시 보다》의 주제이다.

2

구마라집鳩摩羅什은 누구인가

2 구마라집鳩摩羅什은 누구인가

구마라집(鳩摩羅什 Kumārajīva 쿠마라지바 344 - 413).

동진東晉 강제康帝 건원乾元2년 344년에 태어났으며, 천축天竺사람인 그를 동수童壽라고도 한다.

그의 부친 구마라염鳩摩羅炎은 인도인으로 높은 관직을 버리고 출가하여 중앙아시아의 관문인 파미르Pamir 구자국龜玆國(쿱차국)에서 국사國師가 되었다. 그리고 왕의 여동생인 지바耆婆와 결혼하여 구마라집을 낳았다.

왕족이었던 구마라집 어머니는 산스크리트어에 능통하였다.

구마라집이 2세 때인 345년 왕족인 어머니는 비구니가 되었고, 구마라집은 350년 7살 때 출가하였다. 구마라집은 9살 때, 어머니와 함께 인더스강을 건너 캐시미르Kashmir에 유학하여 아함阿含과 아비달마阿毘達磨를 배웠다. 대승으로 전향하여 아비달마 교학이 왕성하였던 구자국에 돌아와 대승교학大乘敎學을 설하였다. 20세가 되어 《십송률十誦律》에 따라 정식으로 비구가 되었다.

동진東晋시대, 무라차無羅叉*가 번역한 대품반야경인 《방광반야경放光般若經》에 몰두하였다. 《방광반야경》은 공과 반야바라밀의 실천에 대해 자세히 설명하고 있다. 《방광반야경》은 〈방광품放光品〉 외에 〈무견품無見品〉 그리고 〈촉루품囑累品〉 등 90품으로 이루어져 있다.

---

* 무라차無羅叉 : 동진시대東晉時代 서역 우진于闐에서 태어났으며, 무차라無叉羅라 하기도 한다.

당시 중국은 양자강揚子江을 경계로 남북(남북조시대南北朝時代)으로 나뉘었다.

하북河北, 중원中原인 이곳은 5호16국이 복잡하게 난립하였다.

전국시대 때 보다 냉혹하였던 시절, 피비린내 나는 중원의 패권을 거머쥐었던 바로 그 부견符堅이다.

전진前秦의 부견(312 - 385)은 특이한 인물이다.

정세가 불안한 난세에서 불교는 그에게 하나의 위안이었을까. 아니면 백척간두 제국의 정통성을 만천하에 전하기 위한 황제의 어설프고도 헛된 만용일까. 부견은 불교에 엄청난 열정을 보였다. 유명한 학승인 도안과 구마라집을 모셔오기 위하여 무자비하고도 잔혹한 종교전쟁을 두 차례나 벌인 인물이기 때문이다.

《고승전高僧傳》〈도안道安〉에 그러한 이야기를 이렇게 밝히고 있다.

"도안이 먼저 구마라집이 서역에 있다는 말을 들었고, 함께 강론하고 분석하기를 염원하여, 늘 부견에게 그를 모셔오기를 권하였다.

구마라집도 역시 멀리서 도안의 풍모를 듣고, 이 사람은 동방의 성인이라고 생각하여, 항상 멀리서 그에게 예배하였다.

처음 도안이 태어났을 때 왼쪽 팔뚝에 가죽이 있었는데, 넓이가 한치 가량이었고, 잡아당기면 위아래로 움직였으나, 손으로 잡을 수 없었다. 또한 팔꿈치 바깥쪽으로 네모난 살점이 붙어 있어, 그 위에 통通이란 무늬가 있어서, 당시 사람들은 그를 인수보살印手菩薩이라 일컬었다.

도안이 세상을 떠난 16년 후에야 구마라집이 비로소 장안에 이르렀고, 도안과 서로 만나지 못한 것을, 슬퍼하여 한탄함이 끝이 없었다.

安先聞羅什在西國, 思共講析, 每勸堅取之. 什亦遠聞安風, 謂是東方聖人, 恒遙而禮之. 初安生而便左臂有一皮, 廣寸許著臂, 捋可得上下之, 唯不得出手. 又肘外有方肉, 上有通文, 時人謂之爲印手菩薩. 安終後十六年, 什公方至, 什恨不相見, 悲恨無極."

378년 전진 부견 건원14년에 장군 부비符丕가 호북湖北의 양양襄陽을 공략하여 유명한 중국불교의 도안을 데려왔고, 도안의 권유로 구마라집을 초청하기 위하여 서역 구자국을 무차별로 공격하였던 것이다.

부견의 효기장군梟騎將軍 여광呂光은 383년 서역을 유린하였고, 구자국을 건원19년 384년에 정복한다. 384년에 구자국을 무자비하게 초토화시키고, 구마라집을 포로로 잡는다. 그의 나이 41세 때의 일이다. 그 사이 장안의 부견은 후진後秦 요장姚長과의 전쟁에 패하여 전진은 멸망한다. 부견의 장수였던 여광은 군대를 지금의 감숙성甘肅省 량주凉州에 주둔시키고 후량後凉(401 - 403)을 세운다. 구마라집을 볼모로 잡고서는, 끝내 무위武威에서 죽음을 맞이하였다. 여광은 399년까지 왕으로 군림하였고, 그의 아들 여찬呂纂이 왕위를 계승하였다.

구마라집은 량주에서 포로의 몸으로 유교儒教의 고전古典과 불가의 불경에 몰두하면서 무려 16년 동안의 세월을 보낸다. 그리고 전진을 격파한 후진 요장姚萇의 아들인 요흥姚興은 양주의 후량을 정벌한다.

마침내 구마라집은 후진 황제의 환영을 받으며, 401년 58세되던 해 겨울 장안으로 입성한다. 서역에서의 불교가 중국에서의 현교顯教로 탈바꿈하는 전환점이라 할 수 있다.

그가 바로 불교계 기린아 요진 천축국 삼장법사 구마라집鳩摩羅什이다.

후진의 국사가 된 구마라집은 장안의 소요원逍遙園에 설치된 역경원 서명각西明閣에서 불경번역에 매진하게 된다. 후진 요흥 홍시弘始4년, 402년인 구마라집이 59세 되던 해부터 황제의 부탁으로 소요원에서 홍시14년까지 10년 동안 번역을 활발하게 진행한다.

《아미타경阿彌陀經》·《현겁경賢劫經》·《신현겁경新賢劫經》·《미륵성불경彌勒成佛經》·《대지도론大智度論》·《대품반야경大品般若經》·《불장경佛藏經》·《보살장경菩薩藏經》·《칭양제불공덕경稱揚諸佛功德經》·《잡비유경雜譬喩經》·《자재왕경自在王經》·《소품반야경小品般若經》·《십이문론十二門論》·《금강반야경金剛般若經》·《십주경十住經》·《십주론十住論》·《묘법연화경妙法蓮華經》·《유마힐경維摩詰經》·《사익경思益經》·《수능엄경首楞嚴經》·《지세경持世經》·《유교경遺敎經》·《보리경菩提經》·《제법무행경諸法無行經》·《보살가색욕경菩薩呵色欲經》·《십이인연관경十二因緣觀經》·《무량수경無量壽經》·《선경禪經》·《선법요禪法要》·《선법요해禪法要解》·《미륵하생경彌勒下生經》·《십송률十誦律》·《십송비구계본十誦比丘戒本》·《보살계본菩薩戒本》·《성실론成實論》·《중론中論》·《백론百論》 등 35부 294권에 이른다.

어마어마한 번역 활동이다.

그런데 《고승전高僧傳》〈구마라집鳩摩羅什〉에서는 이렇게 이야기한다.

> "후에 외국의 사문이 와서 말하였다.
> 구마라집이 암송한 것 중 열에 하나도 번역해내지 못하였다.
> 後外國沙門來云.
> 羅什所諳, 十不出一."

여기서 인상적인 것은, 구마라집은 암송하고 있었던 세존의 말씀을 한역하였다는 이야기이다. 그렇다면 구마라집의 《마하반야바라밀대명주경》도 그의 머릿속에 있던 주문을 문자로 그대로 옮겨 놓은 것인가. 아니면 구마라집 마음대로 보태기도 빼기도 한 것인가. 아무튼 구마라집이 번역하였다고는 하지만, 어떤 원본을 번역하였는지 그 내용을 정확히 제시하지 못하고 있다.

2018년 중국에서 공빈의《구마라집평전鳩摩羅什評傳》이 출간되었다.

공빈의《구마라집평전》연보에서도 대표적 번역인《마하반야바라밀대명주경》의 정확한 연대를 찾아볼 수 없다는 것은, 완전한 구마라집 연보를 확보하기에는 아직 시간이 필요하다는 반증이다.

공빈은 구마라집이 그의 번역을 이런 이야기로 자신하였다고 한다.

> "연꽃이 더러운 진흙 속에서 피는 것과 같다. 오직 연꽃만 취하고 더러운 진흙은 취하지 말라. 번역은 밥을 씹어 남에게 주는 것과 같으니, 맛을 잃어버릴 뿐만 아니라, 구역질나게 만든다. 내가 번역한 경론에 잘못이 없다면 화장 후에도 내 혀만은 타지 않으리라."

구마라집은 반야 계통의 경전과 연기설을 제창한 용수 중관학파의 논서를 주로 번역하여 삼론종 성립의 토대를 마련하였다. 특히 동북아시아에서 자주 독송되는《금강경》과《아미타경》그리고《법화경》모두 구마라집의 번역 성과이다.

이로서 불교계에서는 구마라집 이전의 번역을 고역古譯, 구마라집 시대의 번역을 구역舊譯 그리고 현장玄奘 이후의 번역을 신역新譯으로 구분하였다.

구마라집은 후진 요흥15년(413)인 법랍 63세, 세수 70세로 열반에 든다.

황제 요흥이 친히 장례를 주관하였다.

화장 후에 그의 유언대로 혀만 남았다고 한다.

그 당시의 상황을 공빈은《구마라집평전》에서 다음과 같이 적고 있다.

“요흥이 구마라집의 장례를 직접 주관하였다.

태산이 무너지고 기둥이 꺾이고 등불이 꺼졌다. 철인이 쇠약하고 도사가 세상을 떠나고 진의 보물도 사라졌다!

제문을 읽는 요흥은 눈물이 그치지 않았다.

장작에 불이 붙었다. 화염이 하늘로 올라가기 시작했고, 구마라집의 유해를 휘감았다. 화단 주변의 제자들이 고통스럽고 긴장하고 반신반의하면서 활활 타오르는 불꽃을 지켜보았다. 반 시진時辰도 필요하지 않았다. 장작이 모두 타고 불이 꺼졌다. 구마라집의 유해는 공무空無가 되었다. 잿더미 속에서 온전히 형체를 갖추고 남아 있는 것은 바로 혀였다. 크고 연꽃 같은 홍색을 띠고 있었다.”

지금의 서안西安 규봉圭峰 산기슭 초당사草堂寺에는 구마라집의 사리탑이 있으며, 부도浮屠의 나라 감숙성甘肅省 량주涼州에 설탑舌塔을 세워 그의 치열한 불경번역과 지극한 공관사상空觀思想의 공덕을 기렸다.

구마라집, 서역왕자였던 그는 불경번역을 통하여 무엇을 이야기하고자 하였나.

불교 역사에서 최고의 지식인 용수의 뒤를 당당하게 이은 구마라집.

그는 사바세계에서 무엇을 보았는가.

3

구마라집 《마하반야바라밀대명주경摩訶般若波羅蜜大明咒經》 번역에 대하여

3 구마라집 《마하반야바라밀대명주경摩訶般若波羅密大明咒經》 번역에 대하여

摩訶般若波羅密大明咒經

姚秦 天竺 三藏法師 鳩摩羅什

觀世音菩薩 行深般若波羅密時 照見五陰空 度一切苦厄 舍利弗 色空故無惱壞相 受空故無受相 想空故無知相 行空故無作相 識空故無覺相 何以故 舍利弗 非色異空 非空異色 色卽是空 空卽是色 受想行識 亦如是 是諸法空相 不生不滅 不垢不淨 不增不減 是空法 非過去 非未來 非現在 是故空中無色 無受想行識 無眼耳鼻舌身意 無色聲香味觸法 無眼界乃至 無意識界 無無明亦無無明盡 乃至無老死 無老死盡 無苦集滅道 無智亦無得以無所得故 菩薩依般若波羅密 心無罣礙 無罣礙故 無有恐怖 一切顚倒夢想苦惱究竟涅槃 三世諸佛依般若波羅密 故得阿耨多羅三藐三菩提 故知般若波羅密是大明咒 無上明咒 無等等咒 能除一切苦眞實不虛 故說般若波羅密咒 卽說咒曰

竭帝 竭帝 波羅竭帝 波羅僧竭帝 菩提 僧莎呵

마하반야바라밀대명주경
요진 천축국 삼장법사 구마라집

관세음보살이 깊은 반야바라밀을 행할 바로 그때, 오음이 공한 것을 비추어 보고 온갖 고통에서 건넌다. 사리불. 색이 공한 까닭에 번뇌의 모습도 없고, 받음이 공한 까닭에 받음의 모습도 없고, 생각이 공한 까닭에 앎의 모습도 없고, 행함이 공한 까닭에 지음의 모습도 없고, 의식이 공한 까닭에 깨달음의 모습도 없다. 하이고 사리불. 색은 공과 다른 것이 아니고, 공은 색과 다른 것이 아니니, 색이 곧 공이요, 공이 곧 색이니, 수상행식도 또한 그와 같다. 모든 법은 공하여, 나지도 멸하지도 않으며, 더럽지도 깨끗하지도 않으며, 늘지도 줄지도 않는다. 이 공한 법은 과거도 아니고, 미래도 아니고, 현재도 아니다. 그러므로 공 가운데 색이 없고, 수상행식도 없으며, 안이비설신의도 없고, 색성향미촉법도 없으며, 눈의 경계도 의식의 경계까지도 없고, 무명도 무명이 다함까지도 없으며, 늙고 죽음도 늙고 죽음이 다함까지도 없고, 고집멸도도 없으며 지혜도 얻음도 없다. 무를 얻은 까닭에* 보살은 반야바라밀을 의지하므로, 마음에 걸림이 없고, 걸림이 없으므로 두려움이 없어서, 뒤바뀐 헛된 생각을 멀리 떠나 완전한 열반에 들어간다. 삼세의 모든 부처도 반야바라밀을 의지하므로, 때문에 아뇩다라삼먁삼보리를 얻고, 때문에 반야바라밀은 커다란 밝은 주문이며 더 없는 밝은 주문이며 무엇과도 견줄 수 없는 주문이니 온갖 괴로움을 없애고 진실하여 허망하지 않음을 알고, 때문에 반야바라밀주를 말할 수 있다. 이제 주문을 말하려 한다.

아제 아제 바라아제 바라승아제 모지 승사아

---

* 이무소득고以無所得故 : 여기에서 '무無'에 대한 개념이 정확하지 않아서 그냥 '무를 얻은 까닭에'라고 하였다.

구마라집의 《마하반야바라밀대명주경》을 풀었다.

어설픈 해석에 불과하다.

왜냐하면 어렵기 때문이다.

사실 우리말로 옮겼을 뿐이지, 그 깊은 뜻을 잘 알지 못한다.

참고로 현장의 《마하반야바라밀다심경》을 2013년 7월 11일 조계종에서 〈한글 반야심경〉이라 하여 공식적 번역본으로 정하였다.

구마라집의 다른 경전도 그렇지만, 짧은 이 《반야심경》은 언제 보아도 유가의 《명심보감明心寶鑑》처럼 수양하는 잠언 같아 마음이 편안해진다.

천의무봉天衣無縫의 구마라집 《마하반야바라밀대명주경》을 우리 말로 옮긴 내용을 요약한다.

관세음보살이 깊은 반야바라밀을 행할 바로 그때, 색이 공하고 공이 색이라는 가르침을 얻었다. 모든 의식과 행동을 관세음보살처럼 느끼고 바라보면 반야바라밀이 우리를 구경열반으로 인도한다. 그리고 위대한 주문인 반야바라밀주인 '아제 아제 바라아제 바라승아제 모지 승사아'를 말하면 신묘한 경지인 '아뇩다라삼먁삼보리'에 다다를 수 있다는 성스러운 바람이다.

요진 천축 삼장 구마라집의 《마하반야바라밀대명주경》.

요흥姚興이 세운 후진後秦이기에 요진姚秦이라, 천축 구자국龜茲國 사람이기에 요진천축삼장법사姚秦天竺三藏法師 구마라집(쿠마라지바)鳩摩羅什이라 하였다.

알려진 대로 구마라집이 번역한 《마하반야바라밀경》〈습응품〉과 《마하반야바라밀대명주경》의 내용이 유사하다고 하지만, 그 원본이 빨리어본인지 산스크리트어본인지 지금까지 정확하게 밝혀지지 않았다. 무슨 이유인지는 모르겠으나, 빨리어나 산스크리트어로 쓰여진 공인된《반야심경》원본을 세상 어디에서도 찾아볼 수 없다.

일본에 유일하게 있다는 소위 산스크리트본도 확실한 진위를 알 수 없다.

우리 말로 옮기고, 한 자 한 자 음미하지만, 여전히 구마라집의 위대한 주문인 '대명주경大明咒經' 내용 파악은 쉽지 않다.

마음을 다스리는 경전이니, 그저 마음으로 느끼라고만 한다.

그래서《마하반야바라밀대명주경》을 읽으면서, 현장의《마하반야바라밀다심경摩訶般若波羅密多心經》을 참고하고 대조하여 원문을 우리말로 옮겼다. 그리고 이해가 안 되는 부분을 거론하였고, 그 어렵게 생각되는 이유를 밝히려 한다.

摩訶마하

마하摩訶를 '크다(大)'라고 한다.

'마하반야론摩訶般若論'을 '큰 반야론'이라고 말하니, '마하'는 '큰(大)' 뜻이며 방대한 경전으로서 위엄을 갖춘다는 의미가 될 것이다.

그런데 '마하摩訶'를 '크다(大)'로 해석하면, 무엇인가 불완전하다.

《팔만대장경八萬大藏經》이나 불경佛經은 '마하摩訶' 또는 '불설마하佛說摩訶'로 시작된다.

'마하摩訶'는 산스크리트어의 발음을 한자漢字로 음차音借한 것이 분명하지만, 그 범어梵語나 어원語原이 어디에 근거하였는지 혹은 무엇인지 밝혀진 것이 없다.

그리고 '부처님은 마하를 말씀하신다(佛說摩訶)'에서 '마하'는 무엇인가.

돈황 막고굴에서 발견되었고, 현재 대영박물관에 보관되어 있는《당범번대자음반야바라밀다심경唐梵飜對字音般若波羅密多心經》에서는 '대명주大明呪'의 '대大'를 '마하麼賀'라 표현했으니, 결론적으로 '크다(大)' 와 '마하麼賀'는 같은 뜻으로 표현한 셈이다.

'麼賀(大)尾儞也(明)滿怛囉(呪)'

대명주大明呪를 '麼賀(大)'와 '尾儞也(明)' 그리고 '滿怛囉(呪)'로 읽고 있다.

즉 '크다'를 '마하麼賀'라 한 것이다.

'마하麼賀'를 '크다(大)'라 풀이하였지만, 정작 무엇을 참고한 것인지는 불분명하다.

이 주문에서는 '마하'를 '마하摩訶'라 하지도 않고 '마하麼賀'라 하였다. 마찬가지로 여기에서도 단순히 '마하麼賀'라는 소리의 음가만으로, 본래의 뜻을 파악할 수는 없다. 이러한 내용을 종합한다면 '마하'의 본뜻을 우리는 정확하게 모른다는 것이다. 그리고 이 주문을 반드시 '대大'로 꾸미는 이유가 있는 것이라면, '대大'에는 혹여 다른 커다란 뜻이 있는 것은 아닌가 모를 일이다.

원효元曉는 《금강삼매경론金剛三昧經論》에서 마하를 이렇게 이야기하고 있다.

"총지의 모든 덕이 만법을 두루 갖추었는데, 원융무이하고 불가사의하니, 마땅히 이 법이 곧 마하반야라는 것을 알아야 한다.

摠持諸德該羅萬法, 圓融無二不可思議, 當知是法卽是摩訶般若."

원효는 '반야般若'를 '마하반야摩訶般若'로 수식하였다.

그리고 이 법은 원융무이하고 불가사의한 총지라 강조하였다.

'마하반야'를 우리가 알고 있듯이 '큰 지혜'라고 할 수는 있다. 그렇지만 그 '큰 지혜'는 정확히 무엇을 의미하는가. 그리고 특이한 것은 원효대사는 에둘러 '대大'로 형용하지 않고 바로 '마하반야'라 한 것이다.

《소품반야바라밀경小品般若波羅密經》〈초품初品〉에서 마하불摩訶佛을 설명하고 있다.

"세존.

일체의 모든 법을 아는 사람이 보살이라면, 마하살이라는 이름은 또 어떤 뜻입니까.

세존이 말하였다.

대중을 위해 항상 앞장서기 때문에, 마하살이라 한다.

사리불이 세존에게 말하였다.

세존.

저도 마하살이라 하는 이유를 기꺼이 말씀드리겠습니다.

세존이 말하였다.

좋을 대로 하여라.

사리불이 세존에게 말하였다.

세존.

보살은 나의 생각을 끊고, 자신이 생겨났다는 생각을 끊고, 자신에게 수명이 있다는 생각을 끊고, 인간만이 우월하다는 생각을 끊고, 있다는 생각을 끊고, 없다는 생각을 끊고, 덧없다는 생각을 끊고, 변함이 없다는 생각 등을 끊으라 가르치기에, 마하살이라 이름합니다.

또한 이 가운데 어느 것에도 마음이 집착하지 않기에 마하살이라 합니다.

世尊. 若知一切法名爲菩薩義, 復以何義名爲摩訶薩. 佛言. 當爲大衆作上首, 名爲摩訶薩義. 舍利弗白佛言. 世尊. 我亦樂說所以爲摩訶薩義. 佛言. 樂說便說. 舍利弗白佛言. 世尊. 菩薩爲斷我見, 衆生見, 壽者見, 人見, 有見, 無見, 斷見, 常見等而爲說法, 是名摩訶薩義. 於是中心無所著亦名摩訶薩義."

세존은 마하살을 대중을 위해 항상 앞장서는 사람이라 설명한다. 보살菩薩과 마하살摩訶薩을 구분하였다. 사리불은 무엇에도 집착하지 않는 사람을 마하살이라 하였다.

그렇다면 보살과 마하살을 아우른 성인이 곧 관세음보살이라는 설명이다.

한역漢譯 7종의 제목을 살펴보면 아래와 같다.

구마라집鳩摩羅什	《마하반야바라밀대명주경摩訶般若波羅密大明咒經》
현장玄奘	《마하반야바라밀다심경摩訶般若波羅密多心經》
반야般若·리언利言	《반야바라밀다심경般若波羅密多心經》
법월法月	《보편지장반야바라밀다심경普遍智藏般若波羅密多心經》
지혜륜智慧輪	《반야바라밀다심경般若波羅密多心經》
법성法成	《반야바라밀다심경般若波羅密多心經》
시호施護	《성불모반야바라밀다심경聖佛母般若波羅密多心經》

구마라집과 현장 두 사람만이, 마하摩訶로 수식하였다.

그런데 다른 사람이 마하라는 표현을 쓰지 않은 특별한 이유가 있는지는 모르겠다.

특히 송나라의 시호는 '성불모聖佛母(성스러운 부처의 어머니)'라는 표현을 쓰는데, '마하摩訶'와는 어떤 관계가 있는가.

구마라집의 《마하반야바라밀대명주경摩訶般若波羅密大明咒經》이라는 제목을 우리는 어떻게 알고 있는가.

'마하摩訶'를 '크다'로 알고 있으며, '대명주경大明咒經'도 마찬가지로 '크고 밝은 주문'이라 하였으니, 같은 의미를 반복한 셈이다.

다시 말해서 우리는 '커다란 반야바라밀을 크게 밝히는 주문인 경전(摩訶般若波羅密大明咒經)'이라 알고 있는 것이다. 그런데 만에 하나 '마하摩訶'가 '크다(大)'는 뜻이 아닌 어떤 다른 성스러운 의미가 있는데, 우리가 그것을 알고 있지 못하고 있는 것은 아닐까.

般若波羅密반야바라밀

구마라집은 '반야바라밀般若波羅密'을 이 짧은 경전《마하반야바라밀대명주경》에서 무려 다섯 차례 반복한다.

중요한 의미이기에 그렇게 하였을 것이다.

《대반야바라밀경》〈문상품問相品〉에서 모두가 반야바라밀을 이렇게 찬양한다.

> "반야바라밀은 모든 부처의 어머니다.
>
> 반야바라밀은 능히 세간의 모습을 보여준다.
>
> 이러한 까닭에 부처는 반야바라밀에 의지하여 행하고, 공양하고 공경하고 존중하고 찬탄하는 것이 이 법이다.
>
> 무엇을 이 법이라 하는가.
>
> 소위 반야바라밀이다.
>
> 모든 부처는 반야바라밀에 의지하여 머물고, 공양하고 공경하고 존중하고 찬탄하니 바로 이 반야바라밀이다.
>
> 하이고. 이 반야바라밀이 모든 부처를 낳기 때문이다.
>
> 般若波羅密是諸佛母. 般若波羅密能示世間相. 是故佛依止是法行, 供養恭敬尊重讚歎是法. 何等是法. 所謂般若波羅密. 諸佛依止般若波羅密住, 恭敬供養尊重讚歎是般若波羅密. 何以故. 是般若波羅密出生諸佛."

반야바라밀이 모든 부처를 낳는다고 말한다.

이 반야바라밀이 모든 부처를 낳기 때문이라는 이야기는 무슨 말인가.

반야바라밀이 모든 부처의 어머니라는 뜻이 자못 심장하다. 반야바라밀이 없다면 세존도 석가도 존재하지 못한다는 것이다.

즉 반야바라밀이 세존에게는 최상의 정법正法이라 강조한다.

반야바라밀은 무슨 뜻인가.

반야바라밀은 산스크리트어로 쁘라쥬나빠라미따prajnāpāramitā라 한다.

쁘라쥬나prajnā가 반야般若이고, 빠라미따pāramitā가 바라밀波羅密이다.

쁘라쥬나는 지혜智慧 또는 밝음(明)이라 한다.

빠라미따는 도피안到彼岸의 뜻으로 '피안彼岸(저 언덕)'을 의미하는 'pāra'와 '도到(이르다)'의 뜻인 'mitā'의 결합이라 한다. 바라밀은 '저편으로 간' 또는 '~의 완성'으로 번역되기 때문에 반야바라밀은 '지혜의 완성' 또는 '저편으로 이끄는 지혜'라 알고 있다.

이러한 내용은 우리가 지금까지 《반야심경》을 읽으면서, 익숙하게 알고 있던 내용이다.

사실 '지혜의 완성'이라고 하면 숭고한 이야기처럼 들린다. 그런데 《반야심경》에서 전하는 '지혜(wisdom)'는 무엇인가 하는 질문에서는 또다시 꼬리에 꼬리가 물린다.

그리고 막연한 표현인 '저편으로 이끈다'에서는 낭만적이면서도 묘연杳然해지기까지 한다. 우리가 말하는 '이승已乘에서 저승底乘'이라는 말인지, 또는 어떤 '더 없는 지혜롭고 성스러운 언덕'인지가 불분명하기 때문이다.

현장은 '반야바라밀般若波羅密'이라 하지 않고 '반야바라밀다般若波羅密多'라 하여 '다多'를 부가하였다. 바라波羅는 저 언덕(彼岸), 밀다密多는 밀密의 늘임말이라며 '이르다' 또는 '건너다'로 해석된다고 한다. 그래서 바라밀다波羅密多를 한문으로 표기하면 '도피안到彼岸'이니, '저 언덕을 건너감'이라는 뜻이라 한다.

다시 말하면 '도안到岸'·'도피안到彼岸'·'도무극度無極'·'도度'·'사구경事究竟'·'바라밀波羅密'이라 하여, 지혜인 바라밀에 이르는 6단계를 말하고 있는 듯 하다.

그렇지만 이 설명에서도 '저 언덕으로 건너감'이라는 엉킨 실타래는 풀리지 않는다.

구마라집을 소승불교에서 대승불교로 이끌었다는 경전《방광반야경放光般若經》〈교화중생품敎化衆生品〉은 반야바라밀을 아래와 같이 설명한다.

"오음五陰과 육정六情을 생각하지 않는 것이, 반야바라밀을 생각하는 것이다. 색성향미세활色聲香味細滑*을 생각하지 않는 것이, 반야바라밀을 생각하는 것이다. 부정을 생각하지 않는 것이, 반야바라밀을 생각하는 것이다. 사선四禪·사등四等·사공정四空定을 생각하지 않는 것이, 반야바라밀을 생각하는 것이다. 삼존三尊을 생각하지 않고, 삼복三福을 생각하지 않는 것이, 반야바라밀을 생각하는 것이다. 멸진滅盡을 생각하지 않고, 안반수의安般守意를 생각하지 않는 것이, 반야바라밀을 생각하는 것이다. 무상상無常相·고상苦相·비아상非我相을 생각하지 않고, 사전도四顚倒·십이인연十二因緣을 생각하지 않으며, 나라는 아상我相과 수명상壽命相과 지견상持見相을 생각하지 않는 것이, 반야바라밀을 생각하는 것이다

不念五陰六情, 是爲般若波羅密念. 不念色聲香味細滑識法, 是般若波羅密念. 不念不淨, 是般若波羅密念. 不念四禪·四等·及四空定, 是般若波羅密念. 不念三尊, 不念三福, 是般若波羅密念. 不念滅盡, 不念安般守意, 是般若波羅密念. 不念無常相·苦相·非我相, 不念四顚倒·十二因緣, 不念吾我·壽命·及知見相, 是般若波羅密念."

용수의 중관론中觀論과 일치하는 내용이다.

모든 것이 공空인 용수보살의 소위 아공我空 또는 법공法空이며, 색수상행식을 염두에 두지 않는 것이 반야바라밀에 이르는 방법이라는 요지이다. 다

---

* 세활細滑 : 빨리어의 음사音寫이다. 육근六根과 육경六境과 육식六識의 화합으로 일어나는 마음의 작용인 촉觸과 같은 의미이다.

시 말해서 오음五陰이라는 존재 자체를 염두에 두지 않는다는 것이 반야바라밀이라는 세존의 가르침이다.

그러나 우리는 아직도 반야바라밀이라는 저 언덕을 올라가기에 그 가파름이 너무 버겁기만 하다.

그것은 반야바라밀이 무슨 뜻인지 모르기 때문이다.

《대반야바라밀경大般若波羅密經》〈학관품學觀品〉에서는 '반야바라밀다'를 배워서 얻는다는 이야기를 반복하고 있다.

"만약 보살마하살이 성문聲聞과 독각獨覺에서의 지위를 뛰어나게 하려면, 마땅히 반야바라밀다를 배워야만 한다. 만약 보살마하살이 보살의 불퇴전의 지위에 머무르고자 하려면, 마땅히 반야바라밀다를 배워야만 한다. 만약 보살마하살이 여섯 종류의 민첩하고 빠른 신통력을 얻고자 하려면, 마땅히 반야바라밀다를 배워야만 한다. 만약 보살마하살이 일체 유정有情들의 마음을 움직여 나아가는 차별을 알고자 하려면, 마땅히 반야바라밀다를 배워야만 한다. 만약 보살마하살이 온갖 성문과 독각 지혜의 작용보다 훌륭하고자 하려면, 마땅히 반야바라밀다를 배워야 한다. 만약 보살마하살이 온갖 다라니문 · 삼마지문을 얻고자 하려면, 마땅히 반야바라밀다를 배워야만 한다. 만약 보살마하살이 한 생각에 따라 기뻐함을 함께 하는 마음으로 온갖 성문 · 독각들의 모든 보시보다 뛰어나고자 하려면, 마땅히 반야바라밀다를 배워야 한다. 만약 보살마하살이 한 생각에 따라 기뻐함을 함께 하는 마음으로, 온갖 성문 · 독각들의 모든 계율보다 뛰어나고자 하려면, 마땅히 반야바라밀다를 배워야만 한다.

若菩薩摩訶薩欲超聲聞及獨覺地, 應學般若波羅密多. 若菩薩摩訶薩欲住菩薩不退轉地, 應學般若波羅密多. 若菩薩摩訶薩欲得六種捷速神通, 應學般若波羅密多. 若菩薩摩訶薩欲知一切有情心行所趣差別, 應學般若波羅密多. 若菩薩摩訶薩欲勝一切聲聞 · 獨覺智慧作用, 應學般若波羅密多. 若菩薩摩訶薩欲得一切陁羅尼門 · 三摩地門, 應學般若波羅密多. 若菩薩摩訶薩欲以一念隨喜俱心, 超過一切聲聞 · 獨覺所有布施, 應學般若波羅密多."

보살마하살이 배우면 당연히 얻을 수 있다고 하는 반야바라밀이다.

그렇지만 대중에게는 여전히 어려운 반야바라밀이다.

그것은 반야바라밀의 정확한 개념이 없기 때문이다.

구마라집은 《마하반야바라밀대명주경》에서 '반야바라밀'을 여러 차례 반복한다. 그리고 구마라집은 마지막 문장에서는 '반야바라밀주般若波羅密咒'라 하여, 아뇩다라삼먁삼보리阿耨多羅三藐三菩提를 얻는 《마하반야바라밀대명주경》을 주문咒文이라 못을 박는다.

조계종에서 공식적으로 번역한 현장의 한글 《마하반야바라밀다심경》에서도 주문呪文이라 하였다.

"삼세의 모든 부처님도 반야바라밀다를 의지하므로 최상의 깨달음을 얻느니라. 반야바라밀다는 가장 신비하고 밝은 주문이며, 위 없는 주문이며, 무엇과도 견줄 수 없는 주문이다.

三世諸佛依般若波羅密故得阿耨多羅三藐三菩提. 故知般若波羅密多是大明呪, 是無上咒, 是無等等呪."

만약 반야바라밀의 뜻이 분명하다면, 이 주문의 내용이 무엇인지 명확하게 밝혀질 것이다.

그리고 《반야심경》을 시작하면서 관세음보살이 '행심반야바라밀시行深般若

波羅密時'라 하였다. 즉 관세음보살의 위력은 '반야바라밀'의 고행을 행하여서 '아뇩다라삼먁삼보리阿耨多羅三藐三菩提'를 얻고 '아제 아제 바라아제 바라승아제 모지 승사아揭帝 揭帝 波羅揭帝 波羅僧揭帝 菩提 僧莎呵'라는 주문을 말할 수 있다는 것이다.

《소품반야바라밀경小品般若波羅密經》〈니리품泥犁品〉에서 '반야바라밀'에 대하여 세존이 수보리*에게 자세하게 설명한다.

다시 말해서 대중에게 전해지는 반야바라밀의 의미는 그렇게 간단하지 않은 것이다. 어쩌면 반야바라밀의 정의가 심오하다는 것을 강조하는 것 같다.

> "세존이 수보리에게 말하였다.
>
> 그렇기 때문에, 만약 보살이 반야바라밀을 두고 아무것도 없이 공하다고 말하는 즉시, 그는 반야바라밀을 잃고, 반야바라밀을 멀리 여읜다. 수보리, 이러한 것을 보살의 반야바라밀이라고 한다.
>
> 세존.
>
> 반야바라밀이 어떤 법을 가르치는지 말해 주십시오.
>
> 수보리. 반야바라밀에 대해 말하겠다.
>
> 반야바라밀은 색을 가르치지 않으며, 수상행식도 가르치지 않는다. 반야바라밀은 수다원과와 사다함과와 아나함과와 아라한과와 벽지불도를 가르치지 않으며, 부처의 법도 가르치지 않는다.
>
> 수보리가 말하였다.
>
> 세존.
>
> 마하바라밀이란 곧 반야바라밀을 말합니다.
>
> 세존이 말하였다.
>
> 수보리여, 어떤 연유에서 마하바라밀을 곧 반야바라밀이라 말하는가.

---

* 수보리須菩提 : 석가모니 10대 제자 중 하나로 무쟁삼매無諍三昧의 법을 깨쳐 모든 제자들 가운데 제일이라는 평가를 받았다. 《증일아함경增一阿含經》 등에 수보리의 전기傳記가 실려있다.

수보리가 말하였다. 반야바라밀은, 색을 크다거나, 작다고 하지 않으며, 하나로 합했다거나 흩어졌다고 하지 않습니다. 반야바라밀은 수상행식을 크다거나 작다고 하지 않으며, 하나로 합했다거나, 흩어졌다고 하지 않습니다.

佛告須菩提. 有是因緣, 若菩薩謂般若波羅密空無所有, 則失般若波羅密, 則遠般若波羅密. 須菩提. 是名菩薩般若波羅密. 世尊. 說般若波羅密爲示何法. 須菩提. 說般若波羅密. 不示色, 不示受想行識. 不示須陁洹果 · 斯陁含果 · 阿那含果 · 阿羅漢果 · 辟支佛道, 不示佛法. 須菩提言. 世尊. 摩訶波羅密是般若波羅密. 佛言. 須菩提. 於意云何. 以是因緣, 摩訶波羅密是般若波羅密. 須菩提言. 般若波羅密, 於色不作大, 不作小, 不作合, 不作散. 於受想行識不作大, 不作小, 不作合, 不作散.”

세존과 수보리와의 대화가 서로 엉킨다.

세존은 반야바라밀을, 수보리는 마하바라밀을 이야기하고 있다.

결국 세존과 수보리와의 대화에서 마하바라밀과 반야바라밀의 결론이 심오한 것인지는 몰라도 대중에게는 애매하기만 하다.

그리고 구마라집 《마하반야바라밀대명주경》에서의 ‘행심반야바라밀시’는 무엇인가.

우선 ‘행심반야바라밀시行深般若波羅密時’를 ‘행심行深’과 ‘반야바라밀시般若波羅密時’로 읽을 것인지, 아니면 ‘행심行深 ~시時’와 ‘반야바라밀般若波羅密’로 할지 정확하지 않다.

그 이유는 ‘반야바라밀’의 뜻이 해명되지 않기 때문이다.

그리고 ‘행심行深’에서 ‘행行’은 구체적으로 어떤 고행苦行을 말하는 것인지 생각해 볼 일이다.

한역漢譯 7종의 《반야심경》에서의 '행심반야바라밀시行深般若波羅密時'의 쓰임을 살펴보았다.

구마라집鳩摩羅什	行深般若波羅密時
현장玄奘	行深般若波羅密多時
반야般若와 리언利言	行深般若波羅密多時
법월法月	行深般若波羅密多時
지혜륜智慧輪	行甚深般若波羅密多行時
법성法成	行深般若波羅密多時
시호施護	行甚深般若波羅密多

구마라집은 '밀다密多'라 하지 않고 '밀密'이라 하였다.

그리고 송나라 시호는 유일하게 '시時'를 쓰지 않았다.

조계종에서는 현장의 '관자재보살행심반야바라밀시觀自在菩薩行深般若波羅密時'를 '관자재보살이 깊은 반야바라밀다를 행할 때'로 풀었다. 즉 '행심行深 ~ 시時'를 관용구로 사용한 것이다.

> '觀自在菩薩 行深般若波羅密多時 照見五蘊皆空 度一切苦厄
>
> 관자재보살이 깊은 반야바라밀다를 행할 때, 오온이 공한 것을 비추어 보고 온갖 고통에서 건너느니라.'

그렇지만 《반야심경》의 핵심은 '반야바라밀'을 행하였기 때문에 '아뇩다라삼먁삼보리阿耨多羅三藐三菩提'를 만나는 법열法悅을 얻었으며, 바로 그 주문呪文은 '아제 아제 바라아제 바라승아제 모지 승사하揭帝 揭帝 波羅揭帝 波羅僧揭帝 菩提 僧莎呵'라는 내용으로 압축된 셈이다. 그것을 위하여 삼세三世의 모든 부처도 마찬가지로 어렵고도 어려운 행심行深을 하였다고 강조한다.

즉 '반야바라밀'을 통하여 '아뇩다라삼먁삼보리'를 순식간에 얻는 찰나를 법열의 기쁨이라 한다면, 바로 그때는 언제인가. 이러한 문제를 간과하고서 '행심반야바라밀시行深般若波羅密時'에서 '행심行深 ~시時'를 관용구로 여기는 것은 바른 방법이라 할 수 없을 것이다.

때문에 모질고도 모진 수행으로 '행심行深'하여, '반야바라밀시般若波羅密時' 즉 지혜를 얻는 바로 '그때'를 알았다는 것을 강조한 흐름이라 생각하는 것이 바른 접근 아닌가.

불경에서 자주 등장하는 바로 '그때(爾時)'는 언제인가.

때를 아는 것은 바로 반야바라밀의 행심行深으로 눈부신 아뇩다라삼먁삼보리阿耨多羅三藐三菩提를 만나는 그 순간이다.

그래서 조계종에서 사용하는 번역과는 달리 아래와 같이 하였다.

> '觀世音菩薩 行深般若波羅密時 照見五陰空 度一切苦厄
>
> 관세음보살이 깊은 반야바라밀을 행할 바로 그때, 오음이 공한 것을 비추어 보고 온갖 고통에서 건넌다.'

《반야심경》에서 중요한 구절이다.

관세음보살의 위대한 공력을 보여주는 장면이다.

깊은 반야바라밀을 행하여, 오음이 공한 것을 비추어 보았다. 그랬기 때문에 온갖 고통에서 건널 수 있었고, 그래서 색이 공의 경계가 없어지면서 공이 색이라는 것을 깨달았다는 것이다.

그 행심行深의 내용이 바로 '반야바라밀般若波羅密'이 핵심이다.

그런데 많은 사람들이 반야바라밀을 막연히 '지혜'라 하였지만, 어떤 깨달음이냐는 이야기에서는 아직도 설왕설래이다.

大明咒經대명주경

구마라집과 현장은 이 경전의 제목을 어떻게 지었는가.

구마라집鳩摩羅什	마하반야바라밀대명주경摩訶般若波羅密大明呪經
현장玄奘	마하반야바라밀다심경 摩訶般若波羅密多心經

구마라집은 '대명주경大明咒經'이라, 현장은 '심경心經'이라 하였다.

《반야심경般若心經》을 사람들은 '마음의 경전(The heart stura)'이라 한다.

그런데 왜, 우리는 '크게 밝은 주문의 글(大明咒經)'이라 하지 않고 '마음의 경전(心經)'이라 하였을까.

그것은 현장이 번역한 《마하반야바라밀다심경摩訶般若波羅密多心經》의 '심경心經'에서 기인한 것이다. 만약 구마라집의 《마하반야바라밀대명주경摩訶般若波羅密大明咒經》이 누구나가 독송하는 경전이 되었더라면, '마음의 경전'이라 하지 않고 '대명주경大明咒經'이라 하였을 것은 너무나도 분명한 이치이다.

현장의 '심경心經'과 구마라집의 '대명주경大明咒經'의 차이는 무엇인가.

우리는 '심경心經'이라는 말에는 익숙하지만, '대명주경大明咒經'은 낯설다.

일반적으로 '심경心經'을 거론할 때, '심경心經'에서의 '심心'은 마음보다는 정수精髓 또는 핵심이라 한다. 다시 말하자면 빨리어로 마음인 찌타citta가 아니라 심장인 흐리다야hṛdaya로 이해해야 한다고 말한다. 결국 흔들리는 마음으로가 아니라, 살아 움직이는 염통인 심장心臟 그 자체로 읽어야 하는 뜻으로 해석된다.

그런데 구마라집은 '대명주경大明咒經'이라 하였다.

'대명주경大明咒經'을 우리말로 옮기면, '크게 밝히는 주문咒文 같은 경전'이라 할 수 있다.

결과적으로 '주문咒文'을 '경전經典'이라 한 셈이다.

그런데 무엇을 '크게 밝히는' 것인지 그것이 불분명하다.

혹여 '대명大明'을 모르기 때문에 이런 이야기를 하는 것은 아닌가.

구마라집만 유일하게 그렇게 제목을 붙였으며, '주呪'라 하지도 않고 '주咒'라 표현하였다. 그것은 본문에서도 마찬가지다. 한역漢譯 7종 가운데, 구마라집만 제목과 본문에서 '주呪'가 아닌 '주咒'를 사용하였다.

일각에서는 《반야심경般若心經》이 신묘한 주문咒文인가 아닌가 하는 의견으로 분분하다.

결론적으로 구마라집이 '주경咒經'이라 하였으니, '주문 같은 경전'이라 하는 것이 무리가 있는 주장은 아닌 셈이다.

구마라집은 왜 주문咒文이라 하였을까.

대명주경大明咒經과 성격이 유사한 〈육자진언六字眞言〉이 있다.

대표적으로 육자대명왕진언六字大明王眞言인 '옴마니반메훔(om mani padme hūm)'이 그것이다.

육자진언이 수행의 경전적 근거라는 것은 10세기경 한역漢譯된 《대승장엄보왕경大乘莊嚴寶王經》에서 파악할 수 있다. 《대승장엄보왕경》은 석가모니가 전생에 과거칠불로부터 귀담아들은 관자재보살의 중생 구제의 모습을 제개장보살除蓋障菩薩에게 설명하는 형식으로 되어 있다.

그렇지만 구마라집의 《마하반야바라밀대명주경摩訶般若波羅密大明咒經》과 송나라 천식재天息災*의 번역 《대승장엄보왕경大乘莊嚴寶王經》은 무려 500년의 시간 차이가 난다. 그렇다면 구마라집의 《마하반야바라밀대명주경》과 천식재의 《대승장엄보왕경》과의 관계를 연결하는 것은 무의미하다.

구마라집은 《마하반야바라밀대명주경摩訶般若波羅密大明咒經》에서는 무엇을 강조하면서 주문咒文이라 하였나.

---

* 천식재天息災(?-1000)는 북인도 가습미라국迦濕彌羅國 승려이다. 980년 오장나국烏仗那國 출신 시호施護의 추천으로 송나라에서 황제의 환대를 받아가면서 불교 번역 활동을 시작하였다.

"故知般若波羅密是大明呪 無上明咒 無等等咒 能除一切 苦眞實不虛

故說般若波羅密咒

卽說咒曰

竭帝 竭帝 波羅竭帝 波羅僧竭帝 菩提 僧莎呵

때문에 반야바라밀은 가장 신비하고 밝은 주문이며, 위 없는 주문이며, 무엇과도 견줄 수 없는 주문이니, 온갖 괴로움을 없애고, 진실하여 허망하지 않음을 안다.

때문에 반야바라밀주를 말한다.

이제 주문을 말하려 한다.

아제 아제 바라아제 바라승아제 모지 승사아"

구마라집은 '반야바라밀說般若波羅密'을 '대명주大明咒'라 하였다.

그리고 '반야바라밀주般若波羅密咒'를 다시 '아제 아제 바라아제 바라승아제 모지 승사아竭帝 竭帝 波羅竭帝 波羅僧竭帝 菩提 僧莎呵'라 밝혔다.

즉 '마하반야바라밀摩訶般若波羅密'을 밝히는 대명주경大明咒經'을 바로 최고의 지혜로운 주문인 '반야바라밀주般若波羅密咒'라 할 수 있다는 것이다.

그렇다면 한역漢譯 7종《반야심경》에서 마지막 부분 '반야바라밀'을 어떻게 표현하였나.

구마라집鳩摩羅什	般若波羅密咒曰
현장玄奘	般若波羅密多呪曰
반야般若 · 리언利言	般若波羅密多呪曰
법월法月	般若波羅密多呪曰
지혜륜智慧輪	般若波羅密多眞言
법성法成	般若波羅密多是秘密咒 卽說般若波羅密多咒曰
시호施護	般若波羅密多大明曰

구마라집은 '반야바라밀주般若波羅密呪'라, 현장과 반야 · 리언 그리고 법월은 '반야바라밀다주般若波羅密多呪'라 하였고, 나머지는 모두 표현이 다르다. 특히 지혜륜은 '진언眞言(mantra)'이라 법성은 '비밀주秘密呪' 그리고 송나라의 시호는 '대명大明'이라 하였다.

결론적으로 한역 7종 모두가 강조한 것은 바로 '반야바라밀주般若波羅密呪'는 '아제 아제 바라아제 바라승아제 모지 승사아竭帝 竭帝 波羅竭帝 波羅僧竭帝 菩提 僧莎呵'에서야 완벽한 주문呪文으로 끝난다는 것이다.

아무튼 지금까지 많은 사람들이 간과하였지만, 구마라집이 제목에서 〈대명주경大明呪經〉이라 강조한 것은, 분명 구마라집이 의도한 특별한 뜻이 담겨 있을 것이다.

觀世音菩薩관세음보살

'관세음보살觀世音菩薩'은 문자 그대로 '세상의 소리를 보는 보살'이다.

사실 '세상의 소리'라 하지만, 정작 그 '세상'은 어느 가람迦藍이며 그 '소리'는 어느 건달바乾闥婆의 가락인가.

불경에서는 관세음보살觀世音菩薩이라는 말만 사용하고, 관자재보살觀自在菩薩이라 하지 않는다는 주장도 있다.

현장은 《반야심경》에서 관자재보살이라는 말을 사용하였다.

'관음觀音'을 산스크리트어로 아발로키테스바라avalokiteśvara라 한다.

아바(ava)는 '아래', 로키(lok)는 '보다', 이타(ita)는 아발록(avalok)을 명사로 꾸미는 조사이며, 스바라(svara)는 '신神'이라고도 풀이한다. 그렇다면 '관음'인 산스크리트어 아발로키테스바라(avalokiteśvara)를 '아래를 보는 신'이라 풀이할 수 있다.

그리고 스바라(śvara)를 '신神'이라 하였으니, 즉 '보살菩薩'을 '신神'이라 여긴 것이다.

'관세음보살'은 천정天井인 도리천忉利天에서 무엇을 내려다보았을까.

보살은 백척간두百尺竿頭에서 진일보進一步하여 하늘 아래를 보았을까, 아니면 신령스런 독수리인 영축靈鷲이 되어 창공을 날아 수미산須彌山 꼭대기에 올랐을까.

구마라집은 《묘법연화경妙法蓮華經》〈관세음보살보문품觀世音菩薩普門品〉에서 이렇게 전한다.

> "그때, 무진의보살無盡意菩薩이 곧 자리에서 일어나 한쪽 어깨를 드러내고 합장하면서, 세존을 향해 이렇게 말한다.

세존.

관세음보살은 무슨 인연으로 관세음이라 합니까.

세존이 무진의보살에 이르기를, 선남자, 만일 무량 백천 만억의 생명 있는 것 모두가 갖가지 번뇌와 괴로움을 받고 있다고 해도, 이 관세음보살의 이름을 듣고 한마음으로 이름을 부르면, 관세음보살은 즉시 그 음성을 통찰하여 모두 해탈을 얻게 하기 때문이다.

爾時, 無盡意菩薩即從座起偏袒右肩合掌, 向佛而作是言. 世尊. 觀世音菩薩以何因緣名觀世音. 佛告無盡意菩薩, 善男子, 若有無量百千萬億衆生受諸苦惱聞, 是觀世音菩薩一心稱名, 觀世音菩薩即時觀其音聲皆得解脫."

대승불교 이전에는 석가모니에게만 보살이라는 칭호를 썼다고 한다.

구마라집이 관세음보살이라 하였으니, 적어도 대승불교 영향 아래에서 번역한 것은 틀림이 없다. 그렇지만 '보살菩薩'이 초기 근본불교시대에는 정확히 어떤 뜻으로 전하여졌는지는 자료가 없어 알 수 없다.

〈관세음보살보문품觀世音菩薩普門品〉에서 구마라집은 '관세음보살'의 숭불 위력을 전하였다. 중생의 소리를 통찰하여 모든 번민이나 미혹에서 벗어나게 해준다는 관세음보살을 찬양하였다. 결국 '통찰通察'에는 오각五覺(시각視覺 · 미각味覺 · 청각聽覺 · 촉각觸覺 · 후각嗅覺)을 두루 갖추고 있으니 관세음보살의 신통력을 높이 추앙한 것이다.

범문梵文에서는 관자재觀自在라 되어 있는 것을, 구마라집이 관세음觀世音이라 하였다고 한다. 그렇지만 '관음觀音'과 '관자재觀自在' 어느 쪽이 먼저인가에 대하여서 간단히 결론을 내릴 수는 없다.

사람들의 음성을 통찰한다는 뜻인 관음觀音aavalokiteśvara의 형태는 오래된 것이고, 이후에 고뇌하는 사람들을 관찰자재한다는 뜻인 관자재觀自在avalokiteśvara의 형태로 변경되었다고 한다.

구마라집은 '관세음보살觀世音菩薩'이라 현장은 '관자재보살觀自在菩薩'이라 하였는데, 구마라집이 그렇게 사용한 이유가 분명 있을 것이다.

승명의 지적은 다음과 같다.

> "원래 구마라집이 번역한 관세음보살이 산스크리어를 제대로 번역하였고, 현장조차도 산스크리트어가 변화된 것을 모른 채 정확하게 번역한다고 관자재보살이라 한 것이다."

구자국의 구마라집은 범어의 내용을 충실히 반영하였지만, 당나라의 현장은 산스크리트어의 내용이 변화된 것을 모르고 관세음보살을 관자재보살로 임의로 옮긴 것이라 한다.

칠구지불모준제보살마하살七俱胝佛母準提菩薩摩訶薩인 관자재보살에서의 '자재自在'를 불문에서는 '십자재十自在'로 설명하고 있다.

'명자재命自在'·'심자재心自在'·'재자재財自在'·'업자재業自在'·'생자재生自在'·'승해자재勝解自在'·'원자재願自在'·'신력자재神力自在'·'지자재智自在'이다.

즉 무소불위의 신통력을 지닌 관자재보살이라 설명하고 있다.

일각에서는 '관음觀音'을 산스크리트어로 '연꽃에서 태어난 사람'이라 설명한다.

만일 불교의 상징인 연꽃이 관음에서 유래되었다는 것이 확실하다면, 위에서 열거한 십자재十自在로 연꽃을 제대로 설명할 수 없다는 논거가 된다.

승명은 다음과 같은 이야기를 하고 있다.

한 연구진이 드라비다족의 고대 타밀지역을 조사하여, 인도의 남부 티투넬벨리 지역 포탈라카산(potalaka 보타락가산補陀洛迦山)이 화엄경의 입법계율과 일치한다는 결과를 내놓았다고 한다. 보타락가산은 오래전부터 인도인들이

숭배하는 최고의 관음성지觀音聖地였다. 이에 근거하여 관세음보살 개념이 인도 남부에서 나왔다고 하더라도, 일찍이 인도 서북부에서는 그리스 문화와 함께 이란의 아나히타(anahita ; 비난받지 않고 흠이 없는 자) 여신의 모습을 본뜨고 있었다. 아나히타는 생명의 물을 주는 꽃병을 들고, 천 개의 눈을 꼬리에 가진 공작孔雀이니, 바로 우리에게 익숙한 천수천안千手千眼 관세음보살의 그 자태이다. 즉 다시 말해서 관세음보살 모습을 멀리 지중해 그리스와 페르시아의 고향 이란의 문화에서도 충분히 엿볼 수 있었다는 이야기이다.

대승불교에서 관세음보살이 언급된 곳은《법화경法華經》·《불설대승장엄보광경佛說大乘莊嚴寶王經》·《반야심경般若心經》·《대비주大悲呪》·《십일면관세음신주경十一面觀世音神呪經》·《준제보살관음경準提菩薩觀音經》등이라 한다.《소품반야바라밀경小品般若波羅密經》〈초품初品〉에서 수보리는 보살菩薩과 반야바라밀般若波羅密에 대한 의문을 세존에게 이야기한다.

"그때, 수보리가 세존에게 말하였다.

세존.

세존은 저로 하여금 모든 보살들에게 반드시 반야바라밀을 성취하여야 한다고 말해라 하였습니다.

세존.

보살이라 말하는데, 무엇이 보살인지, 나는 보살이라 이름한 법을 보지 못하였습니다.

세존.

저는 보살을 본 적도 없고, 보살을 만져 본 적도 없습니다. 마찬가지로 반야바라밀을 본 적도 없고 만져 본 적도 없습니다. 그런데 어떻게 보살들에게 반야바라밀을 가르치겠습니까. 만약에 보살들이 저의 설법을 듣고도, 놀라지 않고 두려워하지 않고, 낙담하지 않고 배운 대로 행한다면, 이것이야말로 보살들에게 반야바라밀을 가르쳤다고 할 수 있겠습니까.

爾時, 須菩提白佛言. 世尊. 佛使我爲諸菩薩說所應成就般若波羅密. 世尊. 所言菩薩者, 何等法義是菩薩, 我不見有法名爲菩薩. 世尊. 我不見菩薩, 不得菩薩. 亦不見不得般若波羅密. 當教何等菩薩般若波羅密. 若菩薩聞作是說, 不驚不怖, 不沒不退如所說行, 是名教菩薩般若波羅密."

수보리는 세존에게 반야바라밀의 실체가 무엇인지 집요하게 묻는다. 그리고 구마라집은 보살菩薩이라, 현장은 보리살타菩提薩埵라 하였다.

'以無所得故菩薩依般若波羅密
以無所得故菩提薩埵依般若波羅密多'

보살菩薩은 무슨 뜻인가.

사전에서는 보리살타菩提薩埵를 범어로 보디사트바bhodisattva라 풀었다. 그리고 보디사트바bhodisattva를 보살菩薩이라고도 하였다. 보살菩薩은 보리살타菩提薩埵를 줄인 말 같다. 즉 보리살타菩提薩埵와 보살菩薩은 같은 말처럼 보인다.

그리고 구마라집과 현장은 반야바라밀주般若波羅密呪인 주문呪文을 이렇게 전한다.

"竭帝 竭帝 波羅竭帝 波羅僧竭帝 菩提 僧莎呵
揭諦 揭諦 波羅揭諦 波羅僧揭諦 菩提 娑婆訶"

우선 여기에서 구마라집은 '모지 승사하菩提 僧莎呵(bodhi svaha)'라 현장은

'모지 사바하菩提 娑婆訶(bodhi savaha)'라 하였는데, 이는 바로 보살菩薩과 같은 의미인 보리살타菩提薩埵(Bodhisattva)에서 근거한 것이라 할 수 있다.

관세음보살에 대하여 말하였지만, 무엇인가 확실하지 않은 느낌이다.

照見조견

조견照見은 '비추어 보다'이다.

에드워드 콘즈는 '조견照見'의 산스크리트어 '브야발로카야티vyavalokayati'를 '위에서 내려다 보다(looked down from on high)'로 영역英譯하였다.

그렇다면 콘즈가 말하는 '위에서'는 어디이고, '내려다 보다'는 무엇을 내려다본다는 것인가. 그리고 위에는 누가 어떻게 올라가는가.

학계에서는 콘즈의 번역에 문제가 있다고 하면서, '비추어 보다'라는 뜻으로 사용한다.

다만 무엇이 문제인지 구체적 검증은 없었다.

일설에는 관세음보살이 수미산須彌山 위 제석천帝釋天 도리천忉利天에서 세상의 기쁨과 슬픔을 관조觀照하면서 모든 소리를 듣는 보살이라 하였다.

즉 관세음보살의 장엄莊嚴한 묘견妙見을 찬양한 것이다.

구마라집은 '조견오음공照見五陰空'이라, 현장은 '조견오온개공照見五蘊皆空'이라 하였다.

그렇다면 '오음五陰'과 '오온五蘊'에서 '공空'하다는 것만으로 사바세계의 고통과 슬픔을 극복한다고 할 수 있었을까. 모든 것이 비었으니 세상의 고통과 슬픔을 그저 참아야만 한다는 연민이 관세음보살의 본 모습이라 하기에는 막막하지 않은가.

누구나가 알고 있는, 도리천에서 세상의 고통과 슬픔을 연민으로 내려다 보면서 듣는 관세음보살이 가장 장엄한 모습일 수는 있다. 콘즈의 해석처럼 관세음보살이 정각正覺의 기쁨과 감격으로 위에서 무엇인가 확연히 내려다 보았는데, 그것이 무엇인지 알 수 없는 것이 사실이다.

관세음보살이 오음五陰을 공空으로 관람觀覽한 조견照見은 어떠한 능력인가.

구마라집은 분명 오음공五陰空을 관세음보살이 관람하였다고 하였으니, 조견한 것이 분명하다.

오음五陰은 무엇인가.

五陰오음

구마라집은 오음五陰이라, 현장은 오온五蘊이라 하였다.

그들은 색수상행식色受想行識을 오음五陰 또는 오온五蘊이라 규정한 것이다. 사실 우리는 현장의 오온에 익숙해 있지, 구마라집의 오음에는 생소하다. 그렇다고 우리가 현장법사가 말하는 오온의 의미를 잘 알고 있는 것도 아니다.

구마라집의 '오음五陰'은 무엇인가.

관세음보살은 색수상행식色受想行識을 오음五陰이라 하였다.

그리고 행심行深하여 오음五陰이 공空한 것을 깨우친 사람이 바로 관세음보살이라 한다. 그림자인 '음陰'과 빛인 '양陽'을 대립구도로 본다면, 구마라집 '마하반야바라밀대명주경'에서의 '대명주大明咒'와 '오음五陰'의 '음陰'은 상관관계가 있는 것일까.

구마라집이 '오음五陰'이라 한 것을 현장은 '오온五蘊'이라 하였다.

그렇지만 구마라집의 '오음'도 잘 모르겠고, 현장은 왜 '오음'을 '오온'이라 하였는지 그것도 불분명하다.

현장이 말한 '온蘊'은 순수한 우리말로 '붕어마름'이라고도 한다.

마름은 한해살이 부엽식물浮葉植物로 물속에서 긴 줄기를 내고, 윗부분에는 해면질로 된 방추상의 부푼 부분이 있는 흔한 수중식물이다. 특징은 수심이 깊어지면 줄기도 더 길어져서 침수되어 죽는 경우가 절대로 없는 생명력이 강한 식물이라 사전에서 밝힌다.

세존은 '나는 누구일까'라는 물음에 바로 '나는 오온五蘊이다'라 대답하였다고 초기 불경에서 소개한다. 세존은 '나라는 존재는 색수상행식色受想行識의 다섯 덩어리가 쌓인 것이라 하였다. 그래서 나를 알기 위해서 그 다섯 가지를 분석하면 된다'고 하였다.

빨리어에서는 오온panca kkandha을 '5개 덩어리'로 표현하였다.

결과적으로 '온蘊'에는 '마름풀'과 '덩어리'라는 두 가지의 뜻이 있는 셈이다.

세존이 다섯 덩어리로 쌓인 존재를 자신이라 하였다고 직접 설하였으니, 일단은 물 위에서 끈질긴 생명력을 과시하는 마름풀과는 관계가 없다고 보아야 하겠다.

《잡아함경雜阿含經》〈비아경非我經〉에서 오수음五受陰을 말한다.

> "수상행식도 역시 그와 같다.
>
> 이러한 까닭에 비구들아, 존재하는 모든 색은, 과거에 속한 것이건 미래에 속한 것이건 현재에 속한 것이건, 안에 있는 것이건 밖에 있는 것이건, 기칠건 미세히건, 아름답건 추하건, 멀리 있는 것이건 가까이 있는 것이건, 그 일체는 모두 내가 아니요, 나의 소관이 아니라는, 사실 그대로를 관찰하라.
>
> 수상행식도 역시 그와 같다.
>
> 비구들아, 많이 아는 거룩한 제자는 이 5수음五受陰을 나도 아니요, 내 것도 아니라 한다.
>
> 사실 그대로 관찰하기 때문에, 모든 세간에 대해서 전혀 취할 것이 없게 되고, 취할 것이 없기 때문에 집착할 것이 없게 되며, 집착할 것이 없기 때문에 스스로 열반을 깨달아, 나의 생은 이미 다하고, 범행은 이미 섰으며, 할 일을 이미 마쳐, 후세의 몸을 받지 않는다는 것을 스스로 안다.
>
> 受想行識亦復如是. 是故比丘, 諸所有色, 若過去若未來若現在, 若內若外, 若麤若細, 若好若醜, 若遠若近, 彼一切非我, 非我所, 如實觀察. 受想行識亦復如是. 比丘, 多聞聖弟子於此五受陰見非我, 非我所. 如是觀察,

於諸世間都無所取, 無所取故無所著, 無所著故自覺涅槃, 我生已盡, 梵行已立, 所作已作, 自知不受後有."

세존은 뛰어난 제자는 이 5수음을 나도 아니요, 내 것도 아니라 하였다. 그런데 많은 사람들은 무명無明하고 무지無知한 까닭으로 오수음五受陰에서 헤어나지 못하고, 그저 나만 바라보아 괴롭거나 즐겁다는 감각이 일어난다고 하는 것이다. 때문에 안이비설신의眼耳鼻舌身意의 검은 구멍 같은 촉입처觸入處가 모두 공空한 것을 깨닫는다면 번뇌가 자라는 모진 뿌리가 사라진다고 세존은 말하는 것이다.

그리고 《소품반야바라밀경小品般若波羅密經》〈소여품小如品〉에서 5음五陰에 관한 구체적인 이야기가 있다.

"수보리가 세존에게 말하였다.

세존.

반야바라밀은 모든 부처는 물론, 모든 세간世間을 함께 보여줍니다.

세존.

그런데 세간이란 무엇입니까.

세존이 말하였다.

오음五陰을 세간이라 한다.

세존 그렇다면 반야반라밀이 5음을 보여준다는 말은 무슨 뜻입니까.

세존이 말하였다.

반야바라밀은 이 5음이 무너지지 않는다는 것을 보여준다.

하이고. 수보리. 공한 것은 무너짐이 없는 모양이며, 어떤 것도 지어내지 않는 모양은 무너짐이 없다.

반야바라밀은 이와 같이 세간을 보여준다

須菩提白佛言. 世尊. 如佛所說般若波羅密, 示諸佛世間. 世尊. 云何爲世間. 佛言. 五陰是世間. 世尊. 云何般若波羅密示五陰. 佛言. 般若波羅密示五陰不壞相. 何以故. 須菩提. 空是不壞相無相, 無作是不壞相. 般若波羅密如是世間."

세존은 세간世間을 5음五陰이라 하였다.

색수상행식色受想行識인 5음이 세간이기에, 색수상행식을 공으로 보지 않는다면 고단한 삶은 속절없이 무너지고 부수어지기를 반복한다는 것이다. 그러나 지혜의 상징인 반야바라밀은 공이기에 무너질 것도 없고, 허물어짐도 없다는 것이다. 그렇기 때문에 색수상행식을 택할 것인가, 공을 택할 것인가는 반야바라밀의 지혜를 가지고 있는 사람은 금세 해결된다는 논리이다.

《잡아함경雜阿含經》〈발경鉢經〉에서 세존은 헛되이 생겨나고 사라지는 오수음五受陰에 대한 허망함에서 벗어나라 노래한다.

"色受想行識　　색수상행식
非我及我所　　이것은 내가 아니고, 내 것도 아니다.
若知眞實義　　진실로 이 이치를 알고자 한다면
於彼無所著　　그런 것에 집착할 것이 없다.
心無所著法　　마음에 집착하지 않으면
超出色結縛　　모든 형상의 속박에서 벗어난다.
了達一切虛　　그 어느 것이나 뚜렷하게 깨달으면
不住魔境界　　어려운 경계에 머물지 않는다."

세존은 오음五陰을 자유로운 삶의 속박이라 한다.

그렇기 때문에 이곳에서 빨리 훌훌 벗어나는 것만이 원만한 깨달음이라 거듭 경계한다. 반야바라밀을 깊이 행하여, 오음이나 오온의 구속의 출입처에서 멀리 벗어나면 아뇩다라삼먁삼보리 최상의 지혜를 얻는다고 한다.

그런데 오음이 공하다고 여길 수 있는 대중은 관세음보살 같은 성자가 아닌 일반인은 불가능하다는 것일까. 몸뚱이에 안이비설을 갖추고 태어난 소위 대중은 언감생심 꿈도 꿀 수 없는 경계라는 것인가.

'오음공五陰空'의 정의를 우리는 알 수 없다.

때문에 《반야심경》이 오랜 세월 동안 신묘神妙한 주문呪文으로만 인식되는 것 아닌가.

空공

공空을 산스크리트어로 쑤냐타(śūnyatā)라 하는데, 부풀거나 속이 텅 비었다(vacancy, emptiness)는 뜻이라고 한다. 숫자로는 '0(영零)'이라 한다.

콘즈는 다음과 같이 공空을 설명하고 있다.

> "공空은 이 세계를 완전히 부정하고 지혜를 사용하여 완전한 해방으로 이끄는 것을 의미한다. 공空에 대한 명상은 우리를 묶고 있는 무명無明을 없앰으로써, 이 세상을 제거하는 데 도움을 주려는 데 목적이 있다."

외국인 콘즈의 이 설명은 무엇인가.

공空은 이 세계를 완전히 부정해야 한다고 말한다.

뜬금없이 왜 우리는 멀쩡한 이 세계를 완전히 부정해야 하는가.

처음부터 부정하지 않으면, 어떤 지혜도 구차스러운 해방도 필요 없는 것 아닌가.

그리고 무명無明이 우리를 꽁꽁 묶고 있다고 하는데, 밝음이 없는 무명이 선과 악의 대립인지, 어둠과 밝음의 갈등인지도 모호하다. 그리고 이 미혹의 세상을 제거한다고 하는데, 그것은 죽음 이후의 저승을 말하는 것인지 아닌지, 그야말로 먼 나라 콘즈의 이야기는 갈수록 아리송하다.

사실 공空에 대한 설명은 무수히 많지만, 우리에게 통찰력을 주는 해설은 그리 많지 않다. 그런데 '허공虛空은 무엇인가' 하는 질문에 대한 답은 비교적 명확하게 정리된다.

'허虛'는 안팎 모두가 텅 빈 것이고, '공空'은 속만 텅 빈 것이다.

그렇다면 '공空'을 감싸고 있는 겉은 대체 어디에서 어디까지라는 것인가.

불교에서는 '공空'을 어떤 종류의 아상我相 또는 자성自性이 없다는 것이라 말을 하지만, 정작 중국불교인 격의불교格義佛敎에서 말하는 '공空'과 '무無'의 차이는 무엇인가.

구마라집은 《마하반야바라밀대명주경》에서 '공空'을 이렇게 설명하였다.

"觀世音菩薩 行深般若波羅密時 照見五陰空 度一切苦厄

舍利弗 色空故無惱壞相 受空故無受相 想空故無知相 行空故無作相 識空故無覺相

何以故 舍利弗 非色異空 非空異色 色卽是空 空卽是色 受想行識 亦如是

是諸法空相 不生不滅 不垢不淨 不增不減

是故空中無色 無受想行識 無眼耳鼻舌身意 無色聲香味觸法 無眼界乃至 無意識界 無無明亦無無明盡 乃至無老死 無老死盡 無苦集滅道 無智亦無得

관세음보살이 깊은 반야바라밀을 행할 바로 그때, 오음이 공한 것을 비추어 보고 온갖 고통에서 건넌다.

사리불. 색이 공한 까닭에 번뇌의 모습도 없고, 받음이 공한 까닭에 받음의 모습도 없고, 생각이 공한 까닭에 앎의 모습도 없고, 행함이 공한 까닭에 지음의 모습도 없고, 의식이 공한 까닭에 깨달음의 모습도 없다.

하이고 사리불. 색은 공과 다른 것이 아니고, 공은 색과 다른 것이 아니니, 색이 곧 공이요, 공이 곧 색이니, 수상행식도 또한 그와 같다.

모든 법은 공하여, 나지도 멸하지도 않으며, 더럽지도 깨끗하지도 않으며, 늘지도 줄지도 않는다.

이 공한 법은 과거도 아니고, 미래도 아니고, 현재도 아니다.

그러므로 공 가운데 색이 없고, 수상행식도 없으며, 안이비설신의도 없고, 색성향미촉법도 없으며, 눈의 경계도 의식의 경계까지도 없고, 무명도 무명이 다함까지도 없으며, 늙고 죽음도 늙고 죽음이 다함까지도 없고, 고집멸도도 없으며 지혜도 얻음도 없다."

구마라집은 '오음공五陰空'을 이야기한다.

오음은 '색수상행식色受想行識'이며 '공空'하기 때문에, 오음은 '무뇌괴상無惱壞相 · 무수상無受相 · 무지상無知相 · 무작상無作相 · 무각상無覺相'인 모습으로 우리에게 나타난다고 한다.

관세음보살은 사리불에게 '하이고何以故'라는 감탄사를 쓰면서 오음인 색수상행식이 공이라 재차 강조한다.

마치 나는 잘 알겠는데, 너는 어째서 모르냐는 투이다.

《반야심경》에서 어려운 부분이다.

대중이 '공空'을 아무리 설명하여도 잘 모르니, 관세음보살이 직접 다섯 가지 '색수상행식色受想行識'을 구체적으로 예를 들어서 설명한다는 것이다. 즉 무뇌괴상無惱壞相 · 무수상無受相 · 무지상無知相 · 무작상無作相 · 무각상無覺相이 그것이다.

그런데 구체적으로 드러나는 이 다섯 가지 '색수상행식色受想行識'의 어려운 설명 때문에 《반야심경》은 더욱 어려운 대명주경大明咒經으로 빠져든다고 할 수도 있다.

그리고 '모든 법은 공의 모습(是諸法空相)'이며, '그렇기 때문에 공에는 아무것도 없다(是故空中無)'라는 것이 구마라집의 《마하반야바라밀대명주경》에서의 대명제大命題라 여겨진다.

구마라집은 '공空'에 대하여 나름 자세히 설명한 셈이다.

그러나 누가 보아도 쉽게 받아들이지 못하는 어려운 내용일 뿐이다.

대중은 그 심오한 듯 하면서도 생경한 '공空'의 내포內包에 다가서지 못하고 있기 때문이다. 그런데 현장의 《마하반야바라밀다심경》은 구마라집과 유사하지만, 무엇인가 중요한 사실이 생략된 듯하다.

> "觀自在菩薩 行深般若波羅密多時 照見五蘊皆空 度一切苦厄
> 舍利子 色不異空 空不異色 色卽是空 空卽是色 受想行識 亦復如是
> 舍利子 是諸法空相 不生不滅 不垢不淨 不增不減
> 是故空中無色 無受想行識 無眼耳鼻舌身意 無色聲香味觸法 無眼界乃至 無意識界 無無明亦無無明盡 乃至無老死 亦無老死盡 無苦集滅道 無智亦無得
>
> 관자재보살이 깊은 반야바라밀다를 행할 때, 오온이 공한 것을 비추어 보고 온갖 고통에서 건너느니라.
> 사리자여. 색이 공과 다르지 않고 공이 색과 다르지 않으며, 색이 곧 공이요, 공이 곧 색이니, 수상행식도 그러하니라.
> 사리자여. 모든 법은 공하여, 나지도 멸하지도 않으며, 더럽지도 깨끗하지도 않으며, 늘지도 줄지도 않느니라.
> 그러므로 공 가운데는 색이 없고, 수상행식도 없으며, 안이비설신의도 없고, 색성향미촉법도 없으며, 눈의 경계도 의식의 경계까지도 없고, 무명도 무명이 다함까지도 없으며, 늙고 죽음도 늙고 죽음이 다함까지도 없고, 고집멸도도 없으며 지혜도 얻음도 없느니라."

분명한 것은 현장은 구마라집의 《마하반야바라밀대명주경》을 참고하여 자신의 《마하반야바라밀다심경》을 번역하였음을 알 수 있다.

'공空'을 간화선看話禪의 정점으로 형상화시킨 사람은 용수이다.

그리고 구마라집이 색즉시공色卽是空 공즉시색空卽是色이라 정의하여, 대중에게는 최대의 화두가 된 셈이다. 그렇다면 용수의 중관론에서 '공空'이 혹여 초기 근본불교 또는 소승불교와 다른 의미로 격의불교에서 변질 또는 훼

손되어 지금까지 엉뚱하게 전하여진 것은 아닌가.

용수의 정신적이든 물질적이든 실재는 존재하지 않으며, 유무有無 양쪽 어느 곳에도 집착하지 않는다는 중관론中觀論을 《반야심경》에 어떻게 적용시켜야 할까.

위진魏晋의 사문 승예僧睿는 용수의 《중론中論》 서문을 썼다.

"중론中論에는 오백게송이 있으니, 용수보살이 지은 것이다.

중中이라 이름한 것은, 그 진실을 비춘 것이다. 논論이라 이름한 것은, 그 말이 극진하기 때문이다. 진실은 이름이 아니면 깨닫지 못하기 때문에, 중中에 의탁하여 그 뜻을 펼친다. 말은 해석이 아니라면 극진하지 못하기 때문에, 논論을 빌려 그 뜻을 밝힌다.

그 진실이 펼쳐지고, 그 말이 분명해지면, 보살의 행실과, 도량의 비춤에 대해, 매듭이 풀린 듯 환하게 알게 될 것이다. 무릇 범부의 집착하는 미혹은 전도된 견해에서 생기니, 삼계는 그것 때문에 그르치게 된다. 편벽된 깨달음은 혐오스러운 지식에서 일어나니, 고질적인 고집 그것 때문에 어그러짐에 이르게 된다. 그러므로 큰 깨달음은 밝게 비추는 데에 있고, 작은 지혜는 좁은 마음에 얽혀 있는 줄 알 수 있다. 비춤이 밝지 않으면, 유무를 평등하게 하여, 도리와 속됨을 하나로 하기에 충분하지 않다. 앎이 지극하지 않으면, 중도中道를 건너 양 극단을 없앨 수 없다. 도리와 속됨이 평등해지지 않고, 양 극단이 없어지지 않는 것이, 보살의 걱정이다.

이 때문에 용수대사가, 중도中道로써 분석하여, 미혹에 빠져있는 무리로 하여금, 현묘한 뜻을 바라보아 일변하게 하였다. 바로 교화로써 묶어, 어두운 깨달음을 일삼는 무리로 하여금, 대승의 이치에 대해 문답하는 일이 없게 하였다.

中論有五百偈, 龍樹菩薩之所造也. 以中爲名者, 照其實也. 以論爲稱者, 盡其言也. 實非名不悟故, 寄中以宣之. 言非釋不盡故, 假論以明之. 其實既宣, 其言既明, 於菩薩之行, 道場之照, 然懸解矣. 夫滯惑生於倒見, 三界以之而淪溺. 偏悟起於厭智, 耿介以之而致乖. 故知大覺在乎曠照, 小智纏乎隘心. 照之不曠, 則不足以夷有無, 一道俗. 知之不盡, 則未可以涉中途泯二際. 道俗之不夷, 二際之不泯, 菩薩之憂也. 是以龍樹大士, 析之以中道, 使惑趣之徒, 望玄指而一變. 括之以即化, 令玄悟之賓, 喪諮詢於朝徹."

승예는 중론中論은 진실을 밝히는 극진한 말이라 정의하였다.

용수는 중도中道로 편벽에서 벗어난 양극단을 없애고, 도리와 속됨을 평등하게 하여 보살로서의 위엄을 갖추었다고 하였다. 용수의 이야기는, 고행과 쾌락의 극단을 버리고 중도를 깨달았다는 녹야원에서의 세존이 언뜻 상기되지만, 여전히 중론의 정의가 정확히 무엇이라고 말하기는 어렵다.

용수는 유무 양쪽 어느 곳에도 집착하지 않는다는 내용의 《중론中論》을 지었으며, 제2의 세존이라 불리는 대승불교의 대표적 인물이라 널리 알려졌다.

세존은 고행과 쾌락의 극단을 버렸고, 용수는 도리와 속됨의 양쪽을 버린 셈이다.

구마라집이 번역한 《소품반야바라밀경小品般若波羅密經》의 〈석제환인품釋提桓因品〉이다.

"공이든 공이 아니든 당연히 색에도 머무르지 않으며, 공이든 공이 아니든 당연히 수상행식에도 머무르지 않는다.

不應住色若空若不空, 不應住受想行識若空若不空."

색에도 수상행식에도 공은 머무르지 않는다고 한다.

즉, 다른 말로는 공이 색과 수상행식을 극복하였다는 이야기도 된다. 그렇지만 정작 용수보살이 말하는 공空은 무엇인가.

하이고何以故,

공은 무엇인가空是什嗎?

度一切苦厄도일체고액

'도일체고액度一切苦厄'

'도일체고액'이라는 구절은 구마라집과 현장의 한역본에만 나오는 문장이며, 현존하는 모든 산스크리트본에는 이 구절이 없다.

즉 구마라집이 한역漢譯하는 과정에서 추가한 절창絕唱이다.

"Namas Sarvajñāya

āryālokiteśvaro bodhisattvo gambhīrāyāṃ prajñā-pāramitāyāṃ carayāṃ caramāṇo vyavalokayati sma : pañca skandhās, tāṃś casvabhāva-śūnyān paśyati sma.

iha Śāriputra rūpaṃ śūnyatā, śūnyatāvia rūpam. rūpān na pṛthak śūnyatā, śūnyatāyā na pṛthag rūpam. yad rūpaṃ sā śūnyatā, yā śūnyatā tad rūpam. evam eva vedanā-saṃjñā-saṃskāra-vijñānāni.

거룩한 관자재보살은 깊은 반야바라밀다행을 실천하면서 오온을 관찰하여, 그것의 자기 존재성이 공한 것을 보았다.

아하 사리불이여! 형색을 지닌 몸은 공성空性이고, 공성이 실로 형색을 지닌 몸이라오. 형색을 지닌 몸은 공성과 다르지 않고, 공성은 형색을 지닌 몸과 다르지 않으므로, 형색을 지닌 몸이 바로 공성이고, 공성이 바로 형색을 지닌 몸이라오. 느끼는 마음(受), 생각하는 마음(想), 조작하는 마음(行), 분별하는 마음(識)도 실로 이와 같다오."

이 범어梵語 《반야심경》에는 '조견오온개공照見五蘊皆空' 다음에 분명 '도일체고액度一切苦厄'이라는 내용이 없다.

"Namas Sarvajñāya

āryālokiteśvaro bodhisattvo gambhīrāyāṃ prajñā-pāramitāyāṃ carayāṃ caramāṇo vyavalokayati sma : pañca skandhās, tāṃś casvabhāva-śūnyān paśyati sma.

거룩한 관자재보살은 깊은 반야바라밀다행을 실천하면서 오온을 관찰하여, 그것의 자기 존재성이 공한 것을 보았다."

그렇다면 구마라집이 최초로 '도일체고액度一切苦厄'이라 창의적으로 표현한 것을, 250년 후 현장이 그것을 그대로 답습하였다는 논리가 타당성을 갖추는 것이다.

'도度'의 개념을 우선 '도안到岸'·'도피안到彼岸'·'도무극度無極'·'도度'·'사구경事究竟'·'바라밀波羅密', 즉 지혜라는 바라밀에 이르는 6단계에서 대충 파악할 수 있다.

'도度'는 무엇인가.

'도到'는 정하여진 목적지를 건너는 것이고, '도度'는 정신적 목적지를 건너는 것이라 할 수도 있다. 그리고 그 '도度'를 거쳐서 '사구경事究竟'을 '도무극度無極'을 너머 '바라밀波羅密'에 이른다고 한다.

결국 삶의 모든 고액을 벗어나는 '도度'는 구경열반으로 가는 불멸의 나루터인 셈이다.

일체고액一切苦厄은 도度에서 무너진다고 여긴 것이다.

도일체고액度一切苦厄에서야 오음五陰인 분별의 고통을 벗어난다고 한다.

그런데 도대체 '고액苦厄'은 무엇인가.

마음의 번뇌인 고난苦難과 재액災厄을 벗어나기 위하여 관세음보살만이 그렇게 고통스러운 행심을 하였을까.

이 '고액苦厄' 때문에 반야심경을 마음의 경전이라 하였을 것이다.

구마라집이 관세음보살이 못내 떨쳐내기 어려웠던 마음속의 깊은 번민을 고액으로 표현한 그 전후사정을 알고 싶다.

그리고 시시비비是是非非 세속의 부조리와 분별이 없어지는 '색즉시공色卽是空, 공즉시색空卽是色'에서야 구경열반究竟涅槃 세계에 도달할 수 있다고 한다.

《잡아함경雜阿含經》에서는 세존이 출가한 뒤 바라문婆羅門에서 혹독한 수행을 자처하였던 선인仙人들의 행법에 따라 수도하였다고 기록하였다.

열반의 세계에서 우뚝 설 수 있다는 것은 쉬운 수행이 아니기 때문에, 관세음보살의 일체고액을 훌쩍 뛰어넘는 열반으로 가는 진일보 수행은 얼마나 혹독하였던 것일까. 그렇다면 《마하반야바라밀대명주경》의 '도度'는 성현이 추구하는 '도道'보다 하늘의 길처럼 멀고도 먼 정거장임에 틀림없다.

그런데 '모든 일생의 험난한 고통을 건넌다度一切苦厄'는 의미였다면, '도度'보다는 오히려 '도渡(건너다)'가 더 적합하였을 것이 아닌가.

《반야심경》에서 말하는 '도度'라는 의미는 깊다.

何以故하이고

'하이고何以故'는 불경 도처에 등장하는 감탄사이다.
구마라집은 《마하반야바라밀대명주경》에서 '하이고何以故'를 사용한다.

"觀世音菩薩 行深般若波羅密時 照見五陰空 度一切苦厄 舍利弗 色空故無惱壞相 受空故無受相 想空故無知相 行空故無作相 識空故無覺相 何以故 舍利弗 非色異空 非空異色 色卽是空 空卽是色 受想行識 亦如是.

관세음보살이 깊은 반야바라밀을 행할 바로 그때, 오음이 공한 것을 비추어 보고 온갖 고통에서 건넌다. 사리불. 색이 공한 까닭에 번뇌의 모습도 없고, 받음이 공한 까닭에 받음의 모습도 없고, 생각이 공한 까닭에 앎의 모습도 없고, 행함이 공한 까닭에 지음의 모습도 없고, 의식이 공한 까닭에 깨달음의 모습도 없다. 하이고. 사리불. 색은 공과 다른 것이 아니고, 공은 색과 다른 것이 아니니, 색이 곧 공이요, 공이 곧 색이니, 수상행식도 또한 그와 같다."

구마라집은 관세음보살이 '조견照見'하여 '오음五陰'이 '공空'하다는 것을 깨달았기에, 색수상행식色受想行識이 결국 '무번뇌상無惱壞相'·'무수상無受相'·'무지상無知相'·'무작상無作相' 그리고 '무각상無覺相'에 의해 사라지니, 우리는 모든 번뇌의 촉발자인 색수상행식에서 벗어나 구경열반에 들 수 있다며, '하이고何以故'를 사용하여 기쁨과 법열에 넘치는 표현으로 형용하였다.

즉 관세음보살이 '하이고'를 외치면서 기쁨으로 사리불을 일깨우는 것이다.

이러한 영향인지는 몰라도, 외국인에 의한 번역에 있어서도 '하이고'와 유사한 감탄사가 등장한다.

"iha Śāriputra rūpam śūnyatā, śūnyatāvia rūpam. rūpān na pṛthak śūnyatā, śūnyatāyā na pṛthag rūpam. yad rūpam sā śūnyatā, yā śūnyatā tad rūpam. evam eva vedanā-samjñā-samskāra-viñnānāni.

샤리뿌뜨라여!* 형색을 지닌 몸〔色〕은 공성(空性)이고, 공성이 실로 형색을 지닌 몸이라오. 형색을 지닌 몸은 공성과 다르지 않고, 공성은 형색을 지닌 몸과 다르지 않으므로, 형색을 지닌 몸이 바로 공성이고, 공성이 바로 형색을 지닌 몸이라오. 느끼는 마음〔受〕, 생각하는 마음〔想〕, 조작하는 마음〔行〕, 분별하는 마음〔識〕도 실로 이와 같다오."

"iha Śāriputra sarva-dharmāh śūnyatā-lakṣanā anutpannā aniruddhā amalāvimalā nonā na paripūrṇāh. tasmāc Chāriputra śūnyatāyām na rūpam na vedanā na samjñā na samskārā na vijñānam. na cakṣuh-śrotra-ghrāṇa-jihvā-kāya-manāmsi, na rūpa-śabda-gandha-rasa-spraṣṭavya-dharmāh, na cakṣur-dhātur yāvan na mano-vijñāna-dhātuh.

샤리뿌뜨라여! 일체법의 공성(空性)이라고 하는 특징은 발생한 것이 아니고 소멸된 것이 아니며, 더러워지는 것이 아니고 깨끗해진 것이 아니며, 제거된 것이 아니고 채워진 것이 아니라오. 그러므로 공성(空性) 가운데는 (자아라고 할 수 있는) 형색(色)이 없고, 느끼는 마음(受)이 없고, 생각하는 마음(想)이 없고, 조작하는 마음(行)이 없고, 분별하는 마음(識)이 없고, (주관이라 할 수 있는) 안이비설신의(眼耳鼻舌身意)가 없고, (객관이라고 할 수 있는) 색성향미촉법(色聲香味觸法)이 없고, 안계(眼界)가 없고, 내지 의식계(意識界)까지 없다오."

일본 법륭사에서 보관하고 있다는 산스크리트본 반야심경이다.

---

* 이중표의 번역을 따랐다.
그런데 이중표는 감탄사인 '이하iha'를 우리 말로 옮기지 않고, '샤리뿌뜨라여!'라고만 하였다.

맨 처음 'iha Śāriputra'를 발음대로 읽으면 '이하. 사리불'이다. 즉 감탄사인 '하이고何以故'를 'iha'로 표현한 것이라 여겨진다. 즉 'iha'인 산스크리트어를 문자어인 '하이고何以故'로 옮긴 것이라 볼 수 있다.

에드워드 콘즈는 'iha Śāriputra' 또는 '何以故 舍利弗'을 표현하였는데, 엉뚱하게도 'here' 또는 'therfore'라 하였다. 아마도 콘즈는 '하이고何以故'라는 의미를 전혀 몰랐기 때문일 것이다.

> "Here, O Sariputra, form is emptiness and the very emptiness is form ; emptiness does not differ from form, form does not differ from emptiness ; whatever is form, that is emptiness, whatever is emptiness, that is form, the same is true of feelings, perceptions, impulses and consciousncss.
>
> 여기를 보아라, 오 사리불이여, 형태는 빈 것이며 빈 것이 바로 형태이다 ; 빈 것은 형태와 다르지 않고, 형태는 빈 것과 다르지 않다 ; 형태인 것은, 무엇이든지 빈 것이며, 빈 것은 무엇이든지, 모두 형태이며, 느낌, 지각, 충동 그리고 의식도 마찬가지이다."

> "Here, O Sariputra, all dharmas are marked with emptiness ; they are not produced or stopped, not defiled or immaculate, not deficient or complete.
>
> 여기를 보아라, 오 사리불이여, 모든 법은 빈 것이다 ; 그것들은 만들어지지도 않고 그치지도 않으며, 더러워지지도 않고 깨끗해지지도 않으며, 모자라지도 않고 완전하지도 않다."

"Therfore, O Sariputra, in emptiness there is no form, nor feeling, nor perception, nor impulse, nor consciousness ; No eye, ear, nose, tongue, body, mind ; No forms, sounds, smells, tastes, touchables or objects of mind ; No sight-organ element, and so forth, until we come to : No mind-consciousness element ; There in no ignorance, no extinction of ignorance, and so forth, until we come to : there is no decay and death, no extinction of decay and death. There is no suffering, no origination, no stopping, no path. There is no cognition, no attainment and no non-attainment.

그러므로, 오 사리불이여, 빈 것에는 형태도 없고, 느낌도 없고, 지각도 없고, 충동도 없고, 의식도 없다 ; 눈도, 귀도, 코도, 혀도, 몸뚱이도, 뜻도 없다 ; 형태도, 소리도, 향기도, 맛도, 접촉도, 법도 없다 ; 눈의 경계에서 : 의식의 경계까지도 없으며 ; 무명도 없고, 무명이 다함까지도 없으며 : 거기에는 쇠락과 죽음도 없고, 쇠락과 죽음의 소멸도 없다 ; 거기에는 고통도 없고, 원인도 없고, 멈춤도 없고, 길도 없다. 거기에는 인식도 없고, 달성도 없고 달성하지 않음도 없다."

"Therefore, O Sariputra, it is because of his non-attainmentness that a Bodhisattva, through having relied on the perfection of wisdom, dwells without thought-coverings. In the absence of thought-coverings he has not been made to tremble, he has overcome what can upset, and in the end he attains to Nirvana.

그러므로, 오 사리불이여, 달성함이 없기 때문에 보살은 완전히 지혜에 의지하여 구속됨이 없이 살아간다. 생각에 구속됨이 없으므로 그는 두려움에 떠는 일이 없으며, 뒤집어질 수 있음을 이겨내고 마침내 열반을 얻는다."

산스크리트본이나 콘즈본 모두가 공통적으로 '하이고何以故'인 감탄사로 사용하지 않고, '그런 까닭에(therefore)' 그리고 '여기(here)'로 번역하였다. 즉 콘즈는 '하이고 사리불'을 'Here, O Sariputra'라 또는 'Therefore, O Sariputra'로 옮긴 것이다. 'O Sariputra'를 '何以故 舍利弗'이라 하면 되었을 터인데, 외국인 콘즈는 '하이고, 사리불'이라는 본래의 뜻을 알지 못하였기 때문에 'here' 또는 'therfore'라 하였다고 볼 수밖에 없다.

독일인 막스 뮐러는 장곡사 소장의 광분과 법륭사 소장의 약본을 정리하여 영문판으로 출판하였다. 그렇지만 이 뮐러의 영문판에서는 감탄사가 없는 'Sariputra(사리불)'는 표현만 있을 뿐이다.

"Sariputra, From(rupa) does not differ from Sunyata, nor Sunyata from form.

Form is identical with Sunyata (and) Sunyata is identical with form.

So also are reception(vedana), conception(sanjna), mental conduct (sam-skara) and consciousness(vijnana) in relation to Sunyata.

사리불이여, 형태(rupa)는 공과 다르지 않으며, 공도 형태와 다르지 않다.

형태는 동일한 공이며 (and) 공은 동일한 형태이다.

그래서 수취(vedana), 생각(sanjna), 행동(sam-skara), 의식(vijnana)도 공과의 관계에서 마찬가지이다."

"Sariputra, the Sunyata nature of all things is neither created nor annihilated; neither impure nor pure ; and neither increasing nor decreasing.

사리불이여, 만물에서 빈 것의 본성은 창조되거나 파멸되지 않으며 ;

불순하지도 순수하지도 않으며 ; 증가하지도 감소하지도 않는다."

사전에서는 '하이고何以故'를 '어째서, 왜, 무엇 때문에, 왜냐하면'으로 풀었다. 그렇지만 누가 보아도 '하이고, 사리불'이 자연스럽지, '왜냐하면, 사리불'이라 하는 것은 이치에 적합하지 않다.

구마라집이 그 짧은 경전에 '하이고何以故'를 썼다면, 이 독특한 감탄사가 그 당시에 자주 사용된 것으로 보아야 할 것이다. 구마라집은《마하반야바라밀대명주경》번역에서 감탄사인 '하이고何以故'를 한 번 사용하였다. 일본의 법륭사본에서는 'iha Śāriputra'가 두 번 쓰였다. 그리고 중국, 네팔, 일본의 사본들을 비교 연구하여 교정본을 출간하였던 콘즈본에는 감탄사인 'O Sariputra'가 무려 네 번 쓰였다.

이렇게 몇 번 쓰였다는 사실은 중요하지 않다.

다만 '하이고何以故'가 어떤 의미인가 그것이 알고 싶은 것이다.

舍利弗사리불

구마라집은 사리불舍利弗이라, 현장은 사리자舍利子라 하였다.

구마라집이 거론한 사리불은 누구인가.

마갈타국 왕사성 북쪽 유명한 바라문 가문에서 태어난 사리불(사리푸트라 Śāriputra)을 우바실사優婆室沙 · 사리불다라舍利弗多羅 · 추로자鶖鷺子 · 추자鶖子라고도 부르며, 세존의 십대제자 가운데 으뜸인 인물이라 숭상하였다.

사리불은 세존의 오비구五比丘 가운데 한 명인 앗사지(阿說示)를 처음 만나서는 바로 그의 단아한 인품에 크게 감복하여 친구 목건련目犍蓮 등 250여 명을 이끌고 세존에게 귀의하였다는 전설적인 인물이다.

즉 회의론파 브라만에서 불교도 사문沙門으로 귀의한 셈이다.

즉 불교의 판도가 달라진 것이다.

여기에서 '사리불舍利弗'의 '불弗'은 무슨 뜻인가.

유가儒家에서는 성인을 칭할 때는 '공자孔子'나 '맹자孟子'처럼 '자子'를 사용한다.

불가에서는 '존자尊者'나 '대사大師'처럼 '자者'나 '사師'를 쓴다.

'사리불舍利弗'을 '사리자舍利子'로 옮긴 것은 현장에 의한 번역이 처음이다.

왜 현장은 '사리불'을 '사리자'로 옮겼을까.

《금강삼매경金剛三昧經》〈서품序品〉에서 사리불의 위치를 말한다.

> "이와 같이 나는 들었다.
>
> 한때, 세존이 왕사성 기사굴산 안에서 큰 비구 무리 1만 명과 함께 있었다.

이들은 모두 아라한의 도를 얻었으니, 그 이름은 사리불, 대목건련, 수보리 등 이와 같은 많은 아라한들이다. 또한 보살마하살 2천 명이 함께 있었으니, 그 이름은 해탈보살解脫菩薩, 심왕보살心王菩薩, 무주보살無住菩薩 등으로 이와 같은 보살들이다. 다시 장자 8만 명도 함께 있었으니, 그 이름은 범행장자梵行長者, 대범장자大梵長者, 수제장자樹提長者 등으로, 이와 같은 장자들이다. 또한 하늘, 용, 야차, 건달바, 아수라, 가루라, 긴나라, 마후라가, 사람인 듯 아닌 듯한 60만 억 무리가 있었다.

如是我聞.

一時, 佛在王舍大城耆闍崛山中與大比丘衆一萬人俱. 皆得阿羅漢道, 其名曰舍利弗, 大目犍連, 須菩提, 如是衆等阿羅漢. 復有菩薩摩訶薩二千人俱, 其名曰解脫菩薩, 心王菩薩, 無住菩薩, 如是等菩薩. 復有長者八萬人俱, 其名曰梵行長者, 大梵行長者, 樹提長者, 如是等長者. 復有天, 龍, 夜叉, 乾闥婆, 阿修羅, 迦樓羅, 緊那羅, 摩睺羅迦, 人非人等六十萬億."

세존은 아라한의 도를 얻은 사리불舍利弗을 격려하였다.

그리고 구마라집은 《마하반야바라밀대명주경摩訶般若波羅密大明咒經》에서 관세음보살觀世音菩薩과 사리불舍利弗을 대화 상대로 정하여, 그의 공덕을 높이 받들었다.

그렇다면 현장 《마하반야바라밀다심경》에서의 '사리자舍利子'보다는 구마라집 《마하반야바라밀대명주경》에서의 '사리불舍利弗'이 분명 세존이 생각하였던 뜻과 더 가까운 것 아닌가.

그런데 왜 현장은 '사리불'을 '사리자'로 옮겼을까.

그 시기는 혹 불교가 유교의 영향과 혼재하는 과정이라서 그렇게 번역하였을까 하는 의문도 든다.

色卽是空색즉시공, 空卽是色공즉시색

구마라집은 '공은 곧 색이고, 수상행식도 역시 그와 같다(空卽是色 受想行識亦如是)'고 하였다. '오음공五陰空'이 그것이다. 그리고 색수상행식色受想行識에서 '색色'과 '수상행식受想行識'을 나누었다. 짧은 경전에서 운률을 맞추려 그렇게 하였는지는 몰라도, 특히 구마라집에게 분명 '색色'은 남다른 오음 가운데 하나였을 것이다.

구마라집이 41세 되던 해, 특히 이성인 여자에 대한 문제는 충격 그 자체였다.

전진 부견 건원20년 384년의 일이다.

서역 구자국 최고의 선승禪僧이었지만, 그는 전진의 오랑캐 같은 여광의 초라한 포로 신세였다. 무자비한 여광은 구마라집을 마구 조롱하였다. 여광은 끝내 구마라집을 핍박하여 구자국 왕녀를 아내로 맞게 하였다. 구마라집이 완강하게 버티자, 여광은 구마라집에게 독한 술을 억지로 마시게 하고는 여자와 함께 밀실에 가두어 버린다. 결국 구마라집은 파계하고야 말았다.

《고승전高僧傳》〈구마라집鳩摩羅什〉에서 그 일을 밝히고 있다.

> "여광은 구마라집을 포로로 한 뒤, 아직 그의 지혜의 정도를 알지 못했다. 다만 그의 나이가 어린 것만 보고, 그저 평범한 사람으로 여겼다. 그를 희롱하여 강제로 구자국의 왕녀를 아내 삼도록 하였지만, 구마라집은 거절하며 수락하지 않았으나, 사양하면 할수록 더욱 괴롭혔다.
>
> 여광이 말하였다.
>
> 도사의 지조라고 해봤자, 당신 아버지를 뛰어넘을 수는 없는 것인데, 어찌 그리도 한사코 사양하는 것인가.
>
> 마침내 구마라집에게 독한 술을 마시게 하고는, 여자와 함께 밀실에

가둬 버렸다. 구마라집은 핍박을 당하는 것이 이미 한계를 넘어, 마침내 그 절개를 무너뜨리고 말았다.

光旣獲什, 未測其智量. 見年齒尙少, 乃凡人. 戱之强妻以龜茲王女, 什距而不受, 辭甚苦到. 光曰. 道士之操, 不踰先父, 何可固辭. 乃飮以醇酒, 同閉密室. 什被逼旣至, 遂虧其節."

그리고 구마라집이 63세 되던 해, 후진後秦 요흥姚興 홍시8년 406년에 황제 요흥이 구마라집을 압박하여 열 명의 기녀를 받아들이게 하였다. 구마라집은 이 부조리한 사건을 계기로 '나는 업장이 깊어서 스승으로서 존경을 받지 못한다'고 하였다는 이야기를 다시 《고승전》〈구마라집〉에서 살펴볼 수 있다.

"후진 요황제는 늘 구마라집에게 말하였다.

대사가 총명하여 뛰어난 깨달음이 천하에 둘도 없다. 만일 하루아침에 세상을 떠나, 법의 씨앗이 될 후사가 없어서야 어찌 되겠습니까.

그리하여 기녀 열 명을 억지로 받아들이게 하였다. 이 일이 있은 이후로, 승방에 머물지 않고, 따로 관사를 짓고 살았으며, 모든 것을 풍부함이 넘칠 정도로 공급받았다.

매일 강설할 때는, 먼저 스스로 설하였다.

비유하자면 더러운 진흙 속에서, 연꽃이 피는 것과 같다. 오직 연꽃만을 취하고, 더러운 진흙을 취하지 말라는 같은 것이다.

처음에 구마라집이 구자국에 있을 때, 비마라차율사에게 계율을 배웠고, 뒤에 비마라차가 관중에 들어왔으며, 구마라집은 그가 왔다는 것을 기쁘게 듣고, 스승을 맞이하여 공경하는 예를 극진히 하였다. 비마라차는 구마라집이 황제로부터 핍박당한 사실을 아직 몰랐기에, 어느 날, 구마라집에게 물었다.

그대는 한나라 땅에, 커다란 인연이 있네. 법을 전수받은 제자는, 몇 명이나 있나.

구마라집은 대답하였다.

이 나라에는 경장과 율장이 아직 갖추어지지 않았으며, 새로운 경과 이론을 전개한 여러 논論들은, 대부분 제가 번역하였습니다. 3천 명의 학도들이, 저에게 법을 배웠습니다. 그렇지만 저는 업장에 깊이 얽매어 있어서, 스승으로 존경을 받지 못할 뿐입니다.

姚主常謂什曰. 大師聰明超悟, 天下莫二. 若一旦後世, 何可使法種無嗣. 遂以妓女十人逼令受之. 自爾以來, 不住僧坊, 別立廨舍, 供給豊盈. 每至講說, 常先自說譬. 喻如臭泥, 中生蓮花. 但採蓮花, 勿取臭泥也. 初什在龜茲, 從卑摩羅叉律師受律, 卑摩後入關中, 什聞至欣然, 師敬盡禮. 卑摩未知被逼之事, 因問什曰. 汝於漢地, 大有重緣, 受法弟子, 可有幾人. 什答云. 漢境經律未備, 新經及諸論等, 多是什所傳出. 三千徒衆, 皆從什受法. 但什累業障深, 故不受師敎耳."

구마라집은 전진의 여광과 후진의 요흥이 저지른 소위 문란한 색계色界에서의 정신적 외상外傷을 벗어나지 못하였음을 알 수 있다. 후진의 황제는 총명한 자식을 많이 거두려, 아름다운 기녀 열 명과 함께 따로 장소를 만들어 거처하게 하였다는 사건은 분명 청정을 지향한 사문 구마라집에게는 분명 버거운 사건이었을 것이다.

세존 이래로, 용수의 중관론中觀論에서부터 구마라집의 공즉시색空卽是色까지, '공空'은 불교도에게 묵직한 이슈였다. 그리고 구마라집의 색즉시공色卽是空이라는 화제는 대중에게 설득력과 인기를 얻었다. 그렇지만 소위 물질이라 정의하는 색色은 대충 알겠는데, 공空은 무엇인가 하는 굴레에서 여전히 벗어나지 못하고 있다.

만에 하나 구마라집이 말하는 색수상행식色受想行識에서의 색色이 바로 그때 경험하였던 트라우마는 아닐까. 이러한 일화로 '색즉시공色卽是空, 공즉시색空卽是色'을 설명하려는 것은 절대로 아니다. 누가 뭐래도 '색즉시공色卽是空, 공즉시색空卽是色'은 불교계에서 살아 있는 영원한 화두이기 때문에, 그 주변 배경을 여러모로 탐색하는 것일 뿐이다.

현장玄奘의 《대반야바라밀다경大般若波羅密多經》 37권에서는 '색色'과 '공空'을 이렇게 설명한다.

> "그때, 구수선현이 다시 세존에게 말했다.
>
> 세존.
>
> 반야바라밀다를 수행하는 모든 보살마하살은 색에 머무르지 말아야 하고, 받음 · 생각 · 행함 · 의식에도 머무르지 말아야 합니다. 왜냐하면, 세존, 색은, 색의 성품이 공하며, 받음 · 생각 · 행함 · 의식의 성품이 공하기 때문입니다.
>
> 세존.
>
> 이 색은 색의 공이 아니고, 이 색의 공은 색이 아니며, 색은 공을 떠나지 않고, 공은 색을 떠나지 않으며, 색이 곧 공이며, 공이 곧 색이니, 받음 · 생각 · 의식 또한 그와 같습니다. 그러므로 세존. 반야바라밀다를 수행하는 보살마하살은 물질에 머무르지 말아야 하고, 받음 · 생각 · 행함 · 의식에도 머무르지 말아야 합니다.
>
> 爾時, 具壽善現復白佛言. 世尊, 修行般若波羅密多諸菩薩摩訶薩不應住色, 不應住受想行識. 何以故, 世尊, 色, 色性空, 受想行識性空. 世尊. 是色非色空, 是色空非色, 色不離空, 空不離色, 色卽是空, 空卽是色, 受想行

識亦復如是. 是故, 世尊. 修行般若波羅密多諸菩薩摩訶薩不應住色, 不應住受想行識."

이미 언급하였듯이, 649년 《마하반야바라밀다심경摩訶般若波羅密多心經》을 종남산 취미궁에서 번역하였다는 것은 정설이다. 그리고 11년 후인 660년, 《대반야바라밀다경大般若波羅密多經》 600부의 번역 대장정에 들어갔다고 한다.

현장은 《마하반야바라밀다심경》과 《대반야바라밀다경》을 번역하면서 '색色'과 '공空'에 대하여 어떤 생각을 하였을까.

장로長老인 구수선현은 세존에게 색의 성품이 공하니, 색은 곧 공이며 공이 곧 색이라 말하고 있다. 우리가 익히 알고 있던 내용과 다르지 않다.

이러한 이야기는 지금까지도 줄곧 이어진다.

색色과 공空에 대한 개념은 무엇인가.

일부에서는 색을 소위 물질物質이라 규정하면서도, 공을 색다르게 설명하지 못한다.

색을 물질이라 적시하였다면, 공의 개념도 구체적인 것으로 제시하였어야 대중의 이해가 쉽다는 이야기이다.

구마라집 스승인 용수의 중관론中觀論에서 '공空'이 불문佛門의 화두로 떠오르면서, 더불어 '색色'도 심각한 주제가 되었다는 것은 상식이다.

그러나 구마라집에 의한 '색즉시공色卽是空, 공즉시색空卽是色'은 아직까지 그 뜻이 명확하지가 않다.

사람들은 반야심경을 안다고 말할 때, 너도나도 이것을 언급한다.

'색은 공이고, 공은 색이다.'

그러나 정작 '색'과 '공'을 명쾌하게 설명한 사람을 못 보았다.

언제까지나 우리는 '색은 공이요, 공은 색이다'라고만 할 것이다.

眼耳鼻舌身意안이비설신의

'안이비설신의眼耳鼻舌身意'는 무엇인가.

우리가 습관적으로 말하는 이목구비耳目口鼻와 불가에서의 눈(眼)·귀(耳)·코(鼻)·입(舌)·몸(身)·뜻(意)은 어떤 차이일까.

'안이비설眼耳鼻舌'과 '이목구비耳目口鼻'가 같은 뜻이라 한다면, '신의身意'는 무엇을 말하는가.

우선 《반야심경》은 눈(眼)을 강조한 것이다.

결국 관세음보살觀世音菩薩의 '관(觀:보다)'이 으뜸이라 할 수 있다.

눈(眼)·귀(耳)·코(鼻)·입(舌)·몸(身) 그리고 뜻(意)을 번뇌의 도량이라 말한다.

《반야심경》에서 관세음보살은 행심行深하여서 오음五陰이 공空한 것을 보았을 때, 색수상행식色受想行識, 안이비설신의眼耳鼻舌身意, 색성향미촉법色聲香味觸法 모두가 무無인 것을 얻었다고 하였다. 그리고 안계眼界도 혹은 의식계意識界도 아닌 곳에서 마침내 고집멸도苦集滅道를 벗어났다고 하였다.

관세음보살의 위대한 안계眼界이다.

그런데 미혹스러운 대중은 번뇌의 촉입처觸入處인 '안이비설신의' 때문에 고집멸도의 순환에서 헤어나지 못한다고 언급하는 것이다.

육경六境	육근六根	육식六識
색色	안眼	안식眼識
성聲	이耳	이식耳識
향香	비鼻	비식鼻識
미味	설舌	설식舌識
촉觸	신身	신식身識
법法	의意	의식意識

몸 안 감각 촉수의 육근六根인 안이비설신의와 감각 대상의 현관玄關이라 할 수 있는 육경六境인 색성향미촉법은 십이처十二處이다. 그리고 육내입처六內入處인 육근과 육외입처六外入處인 육경이 연결되어 각각 경험의 주체적 요소인 인식認識으로 발전되면 이를 십팔계十八界라고 한다.

십이처를 통해서 사람은 외부세계의 일체를 파악한다.

나 이외의 모든 것이 무無이며 공空이라는 것을 십이처를 통하여 볼 수 있다고 보았으며, 육식六識이 가세한 십팔계에서는 내가 아닌 밖의 더 넓은 세계의 현상계가 파악된다는 것이다.

요약하면 행심行深하여 오음이 모두 공한 것을 보았을 때, 안이비설신의가 무無라는 것을 깨달으며, 그래서 육근과 육경이 얼키고설킨 십이처가 사라져야 반아바라밀에 이르며, 아뇩다라삼먁삼보리를 얻을 수 있으면 아제 아제 바라아제 바라승아제 모지 승사하의 주문이 성스럽세 완성된다는 것이나.

《잡아함경》〈조복경調伏經〉에서는 육근을 조섭調攝하여 촉입처인 육경에 빠지지 않는다면, 생사를 너머 열반의 저 언덕으로 간다고 한다.

"樂觸以觸身　　즐거운 촉감이 몸에 부딪쳐도
不生於放逸　　거기에 빠져서 함부로 하지 말라
爲苦觸所觸　　괴로운 감촉에 휩싸여도
不生過惡想　　지나치게 싫어하지 말아라
平等捨苦樂　　한결같이 괴로움과 즐거움을 버려
不滅者令滅　　소멸하지 않는 것을 소멸하게 하라.

·

·

·

善攝此六根　　이 여섯 뿌리를 잘 거두어

六境觸不動　　여섯 경계에 부딪쳐도 움직이지 않으면
摧伏衆魔怨　　원망스런 악마에게 항복을 받고
度生死彼岸　　생사를 초월하여 저 언덕으로 간다."

관세음보살은 오음이 공한 것을 깨닫게 되면 색수상행식이 모두 공하여 육근인 안이비설신의의 뿌리가 없어지고, 육경인 색성향미촉법의 경계가 소멸된다고 말한다. 즉 색성향미촉법을 선섭善攝하면 육경六境이 제 기능을 하지 못하여, 육식六識이 자연적으로 소멸되어 지혜의 언덕인 저 언덕으로 갈 수 있다고 전한다는 것이다.

그런데 들은 것이 없는 밝지 못한 사람들은 오음이 공한 것을 모르고, 보지 못하고, 색수상행식을 버리지 못하기 때문에, 자신의 몸속에 무명의 뿌리가 자라고 자라서 6촉입처인 무명촉에서 벗어나지 못하기에 영원히 어리석은 범부의 삶을 보내게 된다고 세존은 경계한다.

《잡아함경雜阿含經》〈각경覺經〉에서는 괴롭거나 즐거운 감각을 일으키는 안이비설신의인 육촉입처에 대하여 말하고 있다.

> "어리석고 들은 것이 없는 범부는 무명으로 말미암아, 색이 곧 나다, 나와 다르다, 나와 나 아닌 것이 함께 있는 것이라 보고, 나는 진실한 것이라 말하면서도 버리지를 않는다. 버리지 않기 때문에, 모든 뿌리는 더욱 자라고, 모든 뿌리가 더욱 자란 뒤에는, 모든 접촉을 더하며, 6촉입처에 부딪치기 때문에, 어리석고 들은 것이 없는 범부들은 괴롭거나 즐거운 감각을 일으키니, 그것은 다 촉입처로부터 일어나는 것이다.
>
> 어떤 것이 여섯 가지인가. 이른바 안촉입처 · 이촉입처 · 비촉입처 · 설촉입처 · 신촉입처 · 의촉입처이다.
>
> 이와 같이, 비구들아. 의계와 법계와 무무명이 있다. 어리석고 들은

것이 없는 범부는 무명의 접촉인 무명촉으로 말미암아 있다는 감각, 없다는 감각, 있기도 하고 없기도 하다는 감각, 내가 낫다는 감각, 나는 그와 같다는 감각, 나는 못하다는 감각, 나는 알고 나는 본다는 감각을 일으키니, 이와 같이 알고 이와 같이 보는 감각은, 모두 6촉입처가 있기 때문이다.

愚癡無聞凡夫以無明故, 見色是我, 異我, 相在, 言我眞實不捨. 以不捨故, 諸根增長, 諸根長已, 增諸觸, 六觸入處所觸故, 愚癡無聞凡夫起苦樂覺, 從觸入處起. 何等爲六. 謂眼觸入處 · 耳 · 鼻 舌 · 身 · 意觸入處. 如是, 比丘. 有意界法界無無明. 愚癡無聞凡夫無明觸故起有覺, 無覺, 有無覺, 我勝覺, 我等覺, 我卑覺, 我知我見覺, 如是知如是見覺, 皆有六觸入故."

어리석은 범부들은 소위 아상我相에 휩싸여 6촉입처에 부딪쳐서, 의계와 법계와 무무명에서 벗어나지 못한다고 한다. 안이비설신의 육촉입처 때문에는 번뇌를 일으키는 괴로움과 즐거움의 반복인 일희일비一喜一悲에서 일생은 그저 번뇌로울 뿐이라고 말한다.

그렇다면 대중은 태어나면서 숙명적인 번뇌에서 벗어나지를 못하는 것이라 할 수 있다.

세상의 모든 일체는 나와 다르다, 나와 나 아닌 것이 함께 있는 것이라 보고, 나는 진실한 것이라 말하면서도 끝내 버리지 않는다. 존재(有)를 탐하는 헛된 일을 버리지 않으면, 번뇌의 촉입처라할 수 있는 세상의 모든 은혜와 사랑을 초월하지 못하고서 범부의 삶에서 빠져나오지 못한다고 경계하는 것이다.

《잡아함경》〈광야장자생천경曠野長者生天經〉이다.

"眼耳鼻舌身　　안이비설신
第六意入處　　여섯 번째 뜻의 입처이다.
若彼名及色　　만약 저 명에서 색까지
得無餘滅盡　　멸진한다면 무여를 얻네.
能知此諸法　　이러한 모든 법 능히 알아
解脫七比丘　　해탈한 저 일곱 비구.
貪有悉已盡　　존재를 탐하는 일, 모두 버리고
永超世恩愛　　세상 모든 은혜와 사랑까지 영원히 초월하였네."

모든 법을 능히 알아 해탈한 일곱 비구는 누구일까.

세존은 명과 색이 사라진 이목구비로 무여無餘를 얻은 그들이 6촉입처에서 해방되어 세상의 모든 은혜와 사랑을 벗어났다고 찬양한다.

구마라집은 《마하반야바라밀대명주경》에서 반야바라밀주인 아제 아제 바라아제 모지 승사아를 말하면 최고의 지혜인 아뇩다라삼먁삼보리를 증득할 수 있다고 하였다. 이러한 경계에 이르려면, 육촉입처의 근원인 안이비설신의를 초월하여 진보적으로 벗어나야 한다는 것이다.

어떻게 하면 사부대중이 육촉입처인 안이비설신의를 초월할 수 있을까.

세존이 찬양한 일곱 비구의 해탈을 축하한 것이 바로 《마하반야바라밀대명주경》의 본령 아닐까.

세존은 우리에게 안이비설신의眼耳鼻舌身意를 끊임없이 묻고 있다.

무명無明 그리고 이무소득고以無所得故

《반야심경》에서의 '공空' 그리고 '무無'.

어려운 개념이다.

이 주제에 대하여 모두가 말하였지만, 아직도 그 본질에 대하여 잘 알지 못하고 있다. '공空'을 용수보살이 《중관론中觀論》에서 중심주제로 거론하였다. 그러나 아직도 '공空'은 허공의 그림자처럼 적막하기만 하다. '공(sunyata)'은 비어 있다는 우주공간에서, 어떻게 존재하는가.

그리고 '무無'는 무엇인가.

그 짧은 경전에 수도 없이 등장하는 '무無'를 보면서, 《반야심경》을 《무경無經》이라 하여도 되지 않을까 생각해 본다.

특히 '무무명역무무명진無無明亦無無明盡'에서의 '무명無明'과 '이무소득고보리살타의반야바라밀以無所得故菩提薩埵依般若波羅密'에서의 '이무소득고以無所得故' 이해가 쉽지 않다.

바로 '무無' 때문이다.

> "是故空中無色 無受想行識 無眼耳鼻舌身意 無色聲香味觸法 無眼界乃至 無意識界 無無明亦無無明盡 乃至無老死 無老死盡 無苦集滅道 無智亦無得 以無所得故菩薩依般若波羅密
>
> 그러므로 공 가운데 색이 없고, 수상행식도 없으며, 안이비설신의도 없고, 색성향미촉법도 없으며, 눈의 경계도 의식의 경계까지도 없고, 무명도 무명이 다함까지도 없으며, 늙고 죽음도 늙고 죽음이 다함까지도 없고, 고집멸도도 없으며 지혜도 얻음도 없다. 얻을 것이 없는 까닭에 보살은 반야바라밀을 의지한다."

구마라집 《마하반야바라밀대명주경》에서 '무無'의 출현이 빈번하다.

시고공중무색是故空中無色'의 '그러므로 공 가운데 색이 없다'의 해석을 참고하면 '수상행식'도 '안이비설신의'도 '색성향미촉법'에서도 '없다(無)'는 해석이 전혀 무리가 없다.

그런데 바로 이 '무명도 무명이 다함까지도 없다(無無明亦無無明盡)'에서 '무無'를 부정사 '없다'로 해석하면, 문맥의 전후가 어설퍼진다.

> "無無明亦無無明盡
> 무명도 무명이 다함까지도 없다."

무슨 말인가.

'무명無明'의 뜻이 불분명하기에 암호처럼 되었다.

조계종에서는 '무명無明'을 '밝음이 없다(無明)'는 의미로 간주하였다.

밝은 지혜를 갖추지 못하였기 때문에 어떤 지혜도 갖출 수 없다는 뜻으로 해석하지만, 그렇게 알고 있기에는 명확하지 않다.

그리고 '이무소득고以無所得故'에서 '무無'는 무엇인가.

많은 사람들은 그 의미를 아래와 같이 알고 있다.

> "以無所得故 菩提薩埵依般若波羅密多故 心無罣礙 無罣礙故 無有恐怖.
> 얻을 것이 없는 까닭에 보살은 반야바라밀다를 의지하므로, 마음에 걸림이 없고, 걸림이 없으므로 두려움이 없다."

'얻을 것이 없는 까닭에, 보살은 반야바라밀다를 의지한다以無所得故, 菩提薩埵依般若波羅密多'고 하였다.

이는 조계종에서 공식적으로 사용하는 번역이다.

그런데 이 문장에서 주어는 보살菩薩이다.

그렇다면 다음과 같은 문장을 만들 수 있다.

‘菩提薩埵以無所得故依般若波羅密多.

보리살타는 얻을 것이 없는 까닭에 반야바라밀에 의지한다.’

보리살타가 얻을 수 없는 까닭을 굳이 말하라면, 아래와 같이 설명할 수도 있다.

‘그러므로 공 가운데는 색이 없고, 수상행식도 없으며, 안이비설신의도 없고, 색성향미촉법도 없으며, 눈의 경계도 의식의 경계까지도 없고, 무명도 무명이 다함까지도 없으며, 늙고 죽음도 늙고 죽음이 다함까지도 없고, 고집멸도도 없으며 지혜도 얻음도 없다是故空中無色 無受想行識 無眼耳鼻舌身意 無色聲香味觸法 無眼界乃至 無意識界無無明亦無無明盡乃至無老死亦無老死盡 無苦集滅道 無智亦無得’이다.

그렇기 때문에 수상행식도, 안이비설신의도, 색성향미촉법도 없어, 모든 것이 제행무상諸行無常이기에 어느 것도 얻을 것이 없으니, 보리살타마저도 얻을 것이 없다는 뜻으로 생각할 수 있다.

그렇다면 관세음보살도 못하는 것이 있다는 이야기가 된다.

그런데 이 문장을 우리는 아래와 같이 해석할 수도 있다.

‘菩薩以無所得故依般若波羅密多

보살은 무를 얻은 까닭에 반야바라밀에 의지한다.’

‘보살’을 주어로, ‘무無’는 목적어로, ‘소득所得’은 그 뜻을 보완하는 말로 본 것이다.

보살을 주어로 하였기에 가능한 문장이며, '무無'를 얻지 못하면 언감생심 '반야바라밀般若波羅密'에 의지할 수도 없다는 이야기가 성립된다. 즉 이 세상에서 '무'를 얻을 수 있는 보살만이 '반야바라밀'에 의지하여 두려움과 공포심이 없이 구경열반에 이를 수 있다는 것이다.

다시 말해서 '무'가 곧 '아뇩다라삼먁삼보리'를 얻을 수 있는 '반야바라밀'의 관건이며 핵심이라는 이야기이다.

그렇다면 우리는 '무無'가 함의하고 있는 뜻을, 모르고 있었던 것은 아닌가.

우리는 '이무소득고以無所得故'를 깨달음이 없는 깨달음인 적멸의 무라고 하면서, '얻을 것이 없는 까닭에'로 해석한다. 그리고 달리 얻을 것이 없기 때문에 반야바라밀다에 의지하며, 이 때문에 마음에 어떠한 근심도 장애도 없다고 한다.

그러면서도 다른 한편에서는 이러한 해석에 대하여 끊임없는 의문을 제시하고 있다.

한역漢譯 7종을 도표로 비교하여 보면 '이무소득고以無所得故'의 쓰임은 모두 같다.

구마라집鳩摩羅什	以無所得故	菩薩依般若波羅密
현장玄奘	以無所得故	菩提薩唾依般若波羅密多故
반야般若 · 리언利言	以無所得故	菩提薩埵依波羅密多故
법월法月	以無所得故	菩提薩埵依般若波羅密多故
지혜륜智慧輪	以無所得	菩提薩埵依般若波羅密多住
법성法成	以無所得故	諸菩薩衆依止般若波羅密多
시호施護	由是無得故	菩薩摩訶薩依般若波羅密多相應行故

구마라집과 법성까지는 '이무소득고以無所得故'라 하였는데, 송나라 시호는 '유시무득고由是無得故'라 하였다. 마찬가지로 '유시무득고由是無得故'는 '얻을 것이 없는 까닭에'로 해석되지만, 주어를 보살로 한다면 이 문장도 다르게 해석될 수 있음을 알 수 있다.

구마라집이 전하는 '이무소득고 보살의반야바라밀以無所得故 菩薩依般若波羅密'에서의 '이무소득고以無所得故'는 무엇인가.

일본 법륭사에 보관된 산스크리트본《반야심경》과 미국의 콘즈와 독일인 막스 뮐러는 이 부분을 어떻게 번역하였을까 살펴본다.

일본 법륭사에 보관되었다는 산스크리트본《반야심경》이다.

> "tasmād aprāptitvād bodhisattvānāṃ prajñāpāramitām āśritya viharaty a-cittā varaṇaḥ. cittāvaraṇa-nāstitvād atrasto viparyāsātikrānto niṣṭha-nirvāṇaḥ. try-adhva- vyavasthitāh sarva-buddhāḥ prajñā-pāramitām āśrityānuttarāṃ saṃyak-sambodhim abhisambuddhāh.
>
> 그러므로 얻을 것이 없기 때문에 보살은 반야바라밀다에 의지하여 마음에 걸림이 없이 살아가며, 마음에 걸림이 없기 때문에 두려움이 없이 전도몽상을 뛰어넘어 마침내 열반을 성취하며, 삼세의 모든 부처님들은 반야바라밀다에 의지하여 무상정등정각(無上正等正覺)을 성취한다오."

'그러므로 얻을 것이 없기 때문에 보살은 반야바라밀다에 의지하여 마음에 걸림이 없이 살아간다'라고 하였다. 조계종 번역본과 차이가 별반 없다. 아니 똑같다.

그리고 미국의 콘즈와 독일인 막스 뮐러의 번역본은 아래와 같다.

> "Therefore, O Sariputra, it is because of his non-attainmentness that a Bodhisattva, through having relied on the perfection of wisdom, dwells without thought-coverings. In the absence of thought-coverings he has not been made to tremble, he has overcome what can upset, and in the end he attains to Nirvana.

그러므로, 오 사리불이여, 달성함이 없기 때문에 보살은 완전히 지혜에 의지하여 구속됨이 없이 살아간다. 생각에 구속됨이 없으므로 그는 두려움에 떠는 일이 없으며, 뒤집어질 수 있음을 이겨내고 마침내 열반을 얻는다."

"Because of no obtainment, Bodhisattvas who rely on Prajna-paramita, have no hindrance in their minds, and since they have no hindrance, they have no fear, are free from perversive and delusive ideas and attain the Ultimate Nirvana.

얻은 것이 없기 때문에, 반야바라밀다에 의지하는 보살들은, 그들의 마음에는 어떤 방해도 없고, 거기에는 아무런 방해도 없으므로, 거기에는 두려움도 없고, 횡포하고 방탕한 생각에서 자유롭기에 끝내 궁극적인 열반을 달성한다"

미국의 콘즈나 독일 막스 뮐러의 번역도 일본 법륭사에 보관된 산스크리트본 내용과 크게 차이가 없다. 모두가 '이무소득고以無所得故'의 '이무以無'를 부정사인 '없다'라 여기고 그렇게 해석하였다.

'무無'는 무엇인가.

구마라집의 《마하반야바라밀대명주경》에서 '무명無明'과 '이무소득고以無所得故'를 우리말로 어떻게 옮겨야 할까.

'무無'에 대한 정확한 개념을 찾을 수 없으니, '무無'를 부정사가 아닌 그냥 '무無'라 하였다. 즉, 아래와 같이 옮겼다.

"是故空中無色 無受想行識 無眼耳鼻舌身意 無色聲香味觸法 無眼界乃至 無意識界 無無明亦無無明盡 乃至無老死 無老死盡 無苦集滅道 無智亦無得 以無所得故 菩薩依般若波羅密 心無罣礙 無罣礙故 無有恐怖 一切離顚倒夢想 苦惱究竟涅槃

그러므로 공 가운데 색이 없고, 수상행식도 없으며, 안이비설신의도 없고, 색성향미촉법도 없으며, 눈의 경계도 의식의 경계까지도 없고, 무명도 무명이 다함까지도 없으며, 늙고 죽음도 늙고 죽음이 다함까지도 없고, 고집멸도도 없으며 지혜도 얻음도 없다. 무를 얻은 까닭에 보살은 반야바라밀을 의지하므로, 마음에 걸림이 없고, 걸림이 없으므로 두려움이 없어서, 뒤바뀐 헛된 생각을 멀리 떠나 완전한 열반에 들어간다."

궁여지책이다.

언제까지 '무무명역무무명진無無明亦無無明盡'에서의 '무명無明'과 '이무소득고以無所得故'와 '무無'를 '없다(無)'라고만 할 수는 없다.

究竟涅槃구경열반

《반야심경》에서 '구경열반究竟涅槃'은 고집멸도를 벗어난 자유로운 경계이며, 삼세제불 모두가 추구한 최고 경지인 '아뇩다라삼먁삼보리阿耨多羅三藐三菩提'라 한다.

구경究竟은 무엇인가.

구경究竟은 육바라밀六波羅密인 도안到岸 · 도피안到彼岸 · 도무극度無極 · 도度 · 사구경事究竟 · 바라밀波羅密에서 하나의 단계라고 할 수도 있다. 즉 도일체고액度一切苦厄에서야 사구경事究竟을 이룰 수 있으니, 그 경지를 바라밀波羅密과 거의 같은 단계로 보는 것이다.

열반涅槃은 무엇인가.

수행에 의하여 반야바라밀을 얻은 최고의 경지를 말한다.

바라밀을 통해 열반에 이르는데, 세존은 그것을 중도中道라 하였다.

중도中道가 열반涅槃이라는 가르침이다.

열반涅槃을 산스크리트어로 'nirvana니르바나'라 한다.

'nir(out)'와 'vana(to blow)'는 타오르는 불이 바람에 의해 꺼지듯이 타오르는 번뇌의 불꽃을 지혜로 꺼서 일체의 번뇌가 소멸된 무뇌괴상無惱壞相이다.

남방의 빨리어에서는 열반을 번뇌의 숲이 없어진 상태를 말한다고 한다.

그리고 초기 원시불교가 아닌 부파불교시대에서는 세존의 신격화에 따라, 수행자가 아무리 노력하여도 열반을 이룰 수 없으며, 대중들은 사후에나 비로소 열반에 이른다고 주장하였다.

이러한 인식에서 열반은 죽음으로도 인식되었다.

그리고 세존의 입멸은 상징적 열반으로도 인식되었다.

《잡아함경》〈입멸경入滅經〉에서 세존의 열반을 전하고 있다.

"이와 같이 나는 들었다.

이때, 세존이 구시나갈국 역사가 태어난 견고쌍수 숲에 계셨다.

그때, 세존이 반열반般涅槃할 시기에 임박하여, 아난존자에게 말하였다.

너는 견고쌍수 사이에 머리를 북쪽으로 둘 수 있도록 하여 평상을 펴라.

여래가 오늘 밤중에, 무여열반(無餘涅槃)에 들 것이다.

그때, 아난존자는 세존의 분부를 받고, 세존을 위해 견고한 쌍수(雙樹) 사이에 머리를 북쪽으로 둘 수 있게 평상을 폈다. 그리고 세존에게 돌아와, 머리를 조아려 그 발에 예배하고 말하였다.

여래를 위해 견고한 쌍수 숲 사이에, 북쪽으로 머리를 둘 수 있게 평상을 펴놓았습니다.

그러자 세존께서는 평상에 나아가 북쪽으로 머리를 두고 오른쪽 옆구리를 땅에 대고 누워 발을 포개고 밝은 현상에 생각을 모았다.

그때 세존께서 한밤중에 무여열반에 들었다. 그러자 견고쌍수 숲은 곧 꽃을 피우고는 에워싸듯 가지를 드리우며 세존께 공양하였다.

如是我聞.

一時, 佛住俱尸那竭國力士生地堅固雙樹林. 爾時, 世尊臨般涅槃, 告尊者阿難. 汝於堅固雙樹間敷繩牀北首. 如來今日中夜, 於無餘涅槃而般涅槃. 時, 尊者阿難奉世尊教, 於雙堅固樹間爲世尊敷繩牀北首已. 還世尊所, 稽首禮足白言. 世尊已爲如來於雙堅固樹間敷繩牀, 令北首. 於是世尊 往就繩牀 右脅著地 北首而臥 足足相累 繫念明相. 爾時, 世尊卽於中夜於無餘涅槃而般涅槃般涅槃已. 雙堅固樹尋卽生花周帀垂下供養世尊."

세존이 무여열반에 들자 견고쌍수의 울창한 숲은 세존을 향해 꽃을 한바탕 피우고, 나뭇가지들은 세존을 에워싸듯 드리웠다고 하였다.

견고쌍수의 숲이 찬양하는 아름다운 열반이다.

세존은 모든 사물은 무상하니, 낳고 멸하는 법이 열반이라 하였다.

낳고 죽는 것조차 사라지고 나면, 열반의 정점인 적멸의 즐거움에 이른다고 하였다.

세존은 입멸을 통하여 적멸의 아름다움 반열반般涅槃을 대중들에게 화엄단장하였다.

세존은 여래의 지혜만으로 구경열반究竟涅槃을 이룰 수 있다고 하였다.

지금 중생은 일심으로 적멸보궁寂滅寶宮과 같은 열반을 구경하는데, 미래불인 여래는 사바세계의 중생을 제도하기 위해 어떤 화신化身으로 우리에게 나타날 것인가.

阿耨多羅三藐三菩提아뇩다라삼먁삼보리

세존은 빛나는 최상의 올바른 깨달음을 아뇩다라삼먁삼보리(anuttarā-samyak-sambodi)라 하였다. 그리고 사람들은 이 아뇩다라삼먁삼보리를 아래와 같이 설명한다.

아뇩다라(anuttarā)는 an(부정사)과 uttarā(위)이니, 무상無上이며 최상最上이다.
삼먁(samyak)은 올바른(complete) 뜻으로 완전한 정등正等이다.
삼보리(sambodi)는 깨달음(enlightenment)으로 정각正覺이다.

범어梵語인 '안 웃따라 삼먁 삼보디(an uttarā samyak sambodi)'를 구마라집은 '아뇩다라삼먁삼보리阿耨多羅三藐三菩提'로 옮긴 것이다.

아뇩다라삼먁삼보리를 더할 나위 없는 완전한 깨달음이고, 불교에서 추구하는 최고의 정법正法이라고 한다. 그래서 아뇩다라삼먁삼보리를 순간의 깨달음이 아닌 영속적이고 절대적인 무상정등정각無上正等正覺이라 한다.

산스크리트어 《반야심경》에서는 관자재보살을 '깨우친 사람(覺者)'이라 하였다.

그리고 관세음보살의 지고한 무상정등정각을 아뇩다라삼먁삼보리라 찬양하였다.

일본에 보관되어 있는 산스크리트어로 된 불경이 그것을 말하고 있다.

> "Namas Sarvajñāya
>
> āryā-lokiteśvaro bodhisattvo gambhīrāyām prajñā-pāramitāyām carayām caramāṇo vyavalokayati sma : pañca skandhās, tāmś casvabhāva-śūnyān paśyati sma.
>
> 깨우친 각자님에게 절합니다

성스런 관자재보살이 심묘한 반야바라밀을 행하면서 밝게 살펴보았는데 : 다섯 가지가 있어서 그들의 고유 성질이 공한 것을 환히 보았습니다."

《법화경法華經》〈관세음보살보문품觀世音菩薩普門品〉에서 이렇게 말한다.

"세존이 관세음보살보품문을 설하자, 8만4,000천의 대중, 모두 어느 것과도 비교할 수 없는 아뇩다라삼먁삼보리심을 발하였다.

佛說是普門品時, 衆中八萬四千衆生, 皆發無等等阿耨多羅三藐三菩提心."

'아뇩다라삼먁삼보리'를 '구자명호九字名號'라 한다.

아뇩다라삼먁삼보리는 아미타불阿彌陀佛의 별칭이며, 그 뜻은 나무불가사의광여래南無不可思議光如來라고도 한다.

즉 '빛처럼 온 불가사의'를 아뇩다라삼먁삼보리라 하였던 것이다.

특히 《금강반야바라밀경金剛般若波羅密經》〈구경무아분究竟無我分〉에서는 아뇩다라삼먁삼보리가 무수히 반복된다.

"그때, 수보리가 세존에게 말하였다.

세존.

선남자 · 선여인이, 아뇩다라삼먁삼보리의 마음을 내고는, 어떻게 머물러야 되며, 어떻게 그 마음을 항복시킵니까.

세존이 수보리에게 말하였다.

선남자 · 선여인이, 아뇩다라삼먁삼보리의 마음을 내었으면, 마땅히 이러한 마음을 낼 것이니, 내가 온갖 중생들을 열반에 이르도록 제도하리라. 온갖 중생들을 모두 제도한다지만, 실제로는 한 중생도 제도할 것이 없다.

하이고 수보리야. 만일 보살이 아상 · 인상 · 중생상 · 수자상이 있다면, 참 보살이 아니기 때문이다.

왜냐하면, 수보리야, 실제에는 아뇩다라삼먁삼보리의 마음을 낼 법이 없기 때문이다.

爾時, 須菩提白佛言. 世尊. 善男子 · 善女人, 發阿耨多羅三藐三菩提心, 云何應住, 云何降伏其心. 佛告須菩提. 善男子 · 善女人, 發阿耨多羅三藐三菩提者, 當生如是心, 我應滅度一切衆生. 滅度一切衆生已, 而無有一衆生實滅度者. 何以故. 須菩提. 若菩薩有我相 · 人相 · 衆生相 · 壽者相, 則非菩薩. 所以者何, 須菩提, 實無有法發阿耨多羅三藐三菩提者."

그렇지만 이 경전에서 반복된 '아뇩다라삼먁삼보리'의 정의가 무엇인지는 확연하게 알 수 없다.

아뇩다라삼먁삼보리를 얻으면 부처가 된다고 하였다.

《법화경》〈화성유품化城喻品〉에서는 수행자가 세존에게 이렇게 묻는다.

"세존.

이 무량 천 만억의 대덕 성문이, 모두 이미 성취하였습니다. 세존. 또한 저희들을 위하여 아뇩다락삼먁삼보리법을 설하십시오. 저희가 듣고 함께 닦고 배우겠습니다.

세존.

저희가 여래의 지견을 얻고자 하오니, 마음속 이 생각을 세존은 똑똑히 아실 것입니다.

世尊. 是諸無量千萬億大德聲問, 皆已成就. 世尊. 亦當爲我等說阿耨多羅三藐三菩提法. 我等聞已皆共修學. 世尊. 我等志願如來知見, 深心所念佛自證知."

제자는 세존에게 간곡히 부탁한다.

'이 무량 천 만억의 대덕 성문이 모두 이미 성취하였으니, 세존이시어 또한 저희를 위하여 아뇩다라삼먁삼보리법을 설하십시오.'

천 만억이 넘는 대덕 성문이 모든 도를 이미 성취하였지만, 아직도 '아뇩다라삼먁삼보리'를 잘 모르겠다고 한다. 그러니 세존만이 알고 있는 여래의 지견을 알려달라고 간곡히 요구하고 있다.

《소품반야바라밀경小品般若波羅密經》〈명주품明咒品〉에서 반야바라밀주般若波羅密咒를 강조한다.

"석제환인이 세존에게 말하였다.

세존.

반야바라밀은 크게 밝은 주문이며, 반야바라밀은 이보다 더 높은 것이 없는 주문이며, 반야바라밀은 이와 똑같은 것이 없는 주문입니다.

세존이 말하였다.

옳은 말이다, 옳은 말이다. 교시가. 반야바라밀은 크게 밝은 주문이며, 반야바라밀은 이보다 더 높은 것이 없는 주문이며, 반야바라밀은 이와 똑같은 것이 없는 주문이다.

하이고. 교시가. 과거세의 모든 부처님께서, 이 밝은 주문에 의해, 아뇩다라삼먁삼보리를 얻었다. 미래세의 모든 부처도, 이 주문에 의해서, 아뇩다라삼먁삼보리를 얻었다. 지금 온 시방에 계신 모든 부처들도, 이 주문에 의해, 아뇩다라삼먁삼보리를 얻었기 때문이다.

釋提桓因白佛言. 世尊. 般若波羅密是大明呪, 般若波羅密是無上呪, 般若波羅密是無等等呪. 佛言. 如是 如是. 憍尸迦. 般若波羅密是大明呪, 般若波羅密是無上呪, 般若波羅密是無等等呪. 何以故. 憍尸迦. 過去諸佛, 因是明呪, 得阿耨多羅三藐三菩提. 未來諸佛, 亦因是呪, 當得阿耨多羅三藐三菩提. 今十方現在諸佛, 亦因是呪, 得阿耨多羅三藐三菩提."

모든 부처는 반야바라밀이 크게 밝은 주문이며, 반야바라밀은 이보다 더 높은 것이 없는 주문이며, 반야바라밀은 이와 똑같은 것이 없는 주문이라 여기고 있다. 그리고 모든 부처는 이 밝은 주문에 의해 비로소 아뇩다라삼먁삼보리를 얻었다고 한다.

반야바라밀주般若波羅密咒는 바로 '아제 아제 바라아제 바라승아제 모지 승사아竭帝 竭帝 波羅竭帝 波羅僧竭帝 菩提 僧莎呵'이며, 이 주문으로 아뇩다라삼먁삼보리를 얻었다고 세존은 말하고 있다.

그리고 그 아뇩다라삼먁삼보리를 세존은 이렇게 얻었다고 한다. 《잡아함경雜阿含經》〈미경味經〉이다.

"비구들아. 내가 이 5수음에 대해서 사실 그대로 알지 못하였다면, 맛을 맛으로, 아픔을 아픔으로, 떠남을 떠남으로 여긴 것과 같다. 나는 하늘과 악마 · 범 · 사문 · 바라문 모든 하늘과 사람들 가운데서, 벗어나지도, 떠나지도, 나오지도 못하여, 길의 뒤바뀜에 머무르고, 또한 스스로 아뇩다라삼먁삼보리를 증득하지도 못하였을 것이다.

비구들아. 나는 이 5수음에 대해서 맛을 맛으로, 아픔을 아픔으로, 떠남을 떠남으로 사실 그대로 알았기 때문에, 나는 모든 하늘과 사람과 악마 · 범 · 사문 · 바라문 등 하늘과 사람들 가운데 이미 벗어났고, 이미 떠났고, 이미 나왔고, 길이 뒤바뀜에 머무르지도 않았기에, 또한 스스로 아뇩다라삼먁삼보리를 증득할 수 있었다.

諸比丘. 我於五受陰不如實知, 味是味, 患是患, 離是離者. 我於諸天 · 若魔 · 若梵 · 沙門 · 婆羅門天人衆中, 不脫, 不離, 不出, 永住顚倒, 不能自證得阿耨多羅三藐三菩提. 諸比丘. 我以如實知五受陰味是味, 患是患, 離是離, 我於諸天人 · 若魔 · 若梵 · 沙門 · 婆羅門天人衆中, 以脫, 以離, 以出, 永不住顚倒, 能自證得阿耨多羅三藐三菩提."

세존은 비구들에게 말한다.

오음 혹은 오온인 5수음에서 완전히 벗어났기에 아뇩다라삼먁삼보리를 증득할 수 있었다고 한다. 오음에서 벗어난 것은 반야바라밀을 깊이 행하였기에 그렇다는 것이다. 그렇다면 결국 반야바라밀을 어떻게 행하여야 하느냐가 문제가 된다.

구마라집은 《마하반야바라밀대명주경》에서 '반야바라밀주'를 말하면 '아뇩다라삼먁삼보리'를 얻을 수 있다고 하였다.

《불본행집경佛本行集經》〈성무상도품成無上道品〉 하반부에는 다음과 같은 게송이 있다.

"是夜四分三已過　　이 밤의 4분의 3은 이미 지나고
餘復一分明將現　　나머지 4분의 1인 새벽 밝음이 나타나려 하네
衆類行不皆未動　　중생들은 모두 잠들어 있지만
是時大聖無上尊　　이때 대성무상존은 깨어있었네
衆苦滅已得菩提　　모든 괴로움 없애고 깨달음 얻으니
即名世間一切智　　바로 세간일체지라 하네."

세존에게 깨달음을 인도한 '새벽의 밝음(一分明)'을 '대성무상존大聖無上尊'이라 하였고, 이 깨달음을 세간일체지世間一切智라 하였으니, 이를 목도한 순간이 바로 아뇩다라삼먁삼보리를 얻은 기쁨이라 할 것이다.

즉 정각正覺이다.

세존이 새벽의 빛나는 밝음을 보고서 모든 괴로움과 번뇌에서 벗어났다고

하는 것이다.

이것이 아뇩다라삼먁삼보리阿耨多羅三藐三菩提이며, 반야바라밀般若波羅密이며 그리고 아제 아제 바라아제 바라승아제 모지 승사하竭帝 竭帝 波羅竭帝 波羅僧竭帝 菩提 僧莎呵이다.

그리고 불가에서는 새벽의 깨달음을 기념하기 위하여 음력 12월 8일을 성도재일成道齋日이라 하여 대성무상존을 따른 세존의 용맹정진을 받들고 있다.

그런데 '새벽의 밝음'인 대성무상존과 아뇩다라삼먁삼보리는 어떻게 연결되는가.

정작 그것에 대한 설명은 없다.

그저 '최상의 올바른 깨달음'이라 하여 소위 '반야'인 '지혜'로 여기고만 있다.

아뇩다라삼먁삼보리阿耨多羅三藐三菩提.

구마라집은《마하반야바라밀대명주경》에서 이 구자명호九字名號를 이렇게 강조한다.

"三世諸佛依般若波羅密
故得阿耨多羅三藐三菩提
故知般若波羅密是大明咒 無上明咒 無等等咒 能除一切苦眞實不虛
故說般若波羅密咒
卽說咒曰
竭帝 竭帝 波羅竭帝 波羅僧竭帝 菩提 僧莎呵
삼세의 모든 부처도 반야바라밀을 의지하므로
때문에 아뇩다라삼먁삼보리를 얻고

때문에 반야바라밀은 커다란 밝은 주문이며, 더 없는 밝은 주문이며,
무엇과도 견줄 수 없는 주문이니, 온갖 괴로움을 없애고, 진실하여
허망하지 않음을 알고
때문에 반야바라밀주를 말할 수 있다
이제 주문을 말하려 한다
아제 아제 바라아제 바라승아제 모지 승사아"

이 부분이 《마하반야바라밀대명주경》에서 정점이다.

모든 부처는 반드시 반야바라밀에 근거하여 아뇩다라삼먁삼보리를 얻기 때문에, 반야바라밀주는 이 세상에서 가장 밝고 위대한 주문이며, 그 반야바라밀주문을 한마디로 명쾌하게 말하면, 바로 '아제 아제 바라아제 바라승아제 모지 승사아'라는 것이다.

구마라집은 이 이야기를 하는 것이다.

구자명호인 아뇩다라삼먁삼보리를 얻고 난 후에 환하게 밝은 깨달음을 얻었다고 하는 것이다.

"故得阿耨多羅三藐三菩提
故知般若波羅密是大明咒 無上明咒 無等等咒 能除一切苦眞實不虛
故說般若波羅密咒
때문에 아뇩다라삼먁삼보리를 얻을 수 있고
때문에 반야바라밀은 커다란 밝은 주문이며, 더 없는 밝은 주문이며,
무엇과도 견줄 수 없는 주문이니, 온갖 괴로움을 없애고, 진실하여
허망하지 않음을 알고
때문에 반야바라밀주를 말할 수 있다"

구마라집은 관세음보살의 능력을 '때문에 얻을 수 있고(故得)', '때문에 알 수 있고(故知)', '때문에 말할 수 있다(故說)'라고 하였다. 즉 관세음보살은 오음공五陰空으로부터 자유롭다고 보았기 때문에 '얻어서, 알고, 말할 수 있다(得, 知, 說)'는 가피력을 가졌는데, 그것은 바로 반야바라밀에 의지한 아뇩다라삼먁삼보리가 없었다면 절대로 그렇게 하지 못한다는 것이다.

반야바라밀에 의지하여 아뇩다라삼먁삼보리를 얻어 아제 아제 바라아제 바라승아제 모지 승사아라는 주문을 말할 수 있다는 내용이 반야심경의 결정이다. 즉 삼세제불이 반야바라밀을 의지하였기 때문에 아뇩다라삼먁삼보리를 얻어 아제 아제 바라아제 바라승아제 모지 승사아라는 주문을 설하였다는 것이다.

구마라집의 이러한 내용을 종합하면, 구자명호인 아뇩다라삼먁삼보리가 대단한 수눈인 것을 알겠다. 그러나 '최상의 완전한 지혜'로 해석하고서, 그렇게 알기에는 무엇인가 부족하다.

아뇩다라삼먁삼보리는 무슨 가르침인가.

揭帝 揭帝 波羅揭帝 波羅僧揭帝 菩提 僧莎呵

gate gate paragate parasamgate bodhi svaha

아제 아제 바라아제 바라승아제 모지 승사아

구마라집의《마하반야바라밀대명주경》에는 주문呪文 세 개가 있다.

반야바라밀般若波羅密.

아뇩다라삼막삼보리阿耨多羅三藐三菩提.

아제 아제 바라아제 바라승아제 모지 승사아

揭帝 揭帝 波羅揭帝 波羅僧揭帝 菩提 僧莎呵.

지혜로운 마음으로 느끼는 경전인《반야심경》에서 중요한 주문呪文이다.

즉 주문呪文은 밀어密語이니 말로는 절대로 표현할 수 없으며, 세존의 비밀스러운 언어라 한다. 이 주문을 진심으로 독송한다면 각종 재앙과 곤경을 일소할 수 있으며, 만복과 지혜를 가져온다고 전한다.

그리고 이러한 바람으로 우리는 친숙하게 읽고 듣는 주문이기 때문에, 빨리어든 산스크리트어든 한자어든 모두가 언뜻 쉬운 우리네 말처럼 느껴진다.

그리고 모두가 한결같이 이 깊은 뜻을 잘 알고 있는 듯 장엄하게 독송한다.

그러나 그렇지는 않다.

이 주문에 대하여 정확한 해석을 하지 못하고 있다.

"三世諸佛依般若波羅密
故得阿耨多羅三藐三菩提
故知般若波羅密是大明咒 無上明咒 無等等咒 能除一切苦 眞實不虛
故說般若波羅密咒

卽說咒曰

竭帝 竭帝 波羅竭帝 波羅僧竭帝 菩提 僧莎呵”

구마라집《마하반야바라밀대명주경》 마지막 부분에 산스크리트어로 된 세 주문이 집중적으로 몰려 있다. 구마라집은 ‘반야바라밀般若波羅密’이 대명주大明咒이니, 최상의 주문이며, 또한 무엇과도 견줄 수 없는 비밀스러운 문자라 강조하였다.

즉 관세음보살의 위력으로 ‘행심반야바라밀조견오음공行深般若波羅蜜照見五陰空’이라 하였으니, 반야바라밀을 행심하여 오음이 공한 것을 볼 수 있었다. 그래서 ‘반야바라밀’을 통하여 ‘아뇩다라삼먁삼보리’가 바로 대명주大明咒라는 것을 알 수 있었으며, 그 대명大明의 본질을 불러오는 주문咒文인 즉 반야바라밀주般若波羅密咒를 ‘아세아세 바라아제 바라승아제 모지 승사아竭帝 竭帝 波羅竭帝 波羅僧竭帝 菩提 僧莎呵’라 할 수 있다고 하였다.

때문에 구마라집은 ‘고설반야바라밀주 즉설주왈故說般若波羅密咒 卽說咒曰’이라 하였다.

그 연유를 잘 알고 있으니, 관세음보살은 자신 있게 말한다는 것이다.

다시 말해서 ‘삼세제불의반야바라밀고득아뇩다라삼먁삼보리三世諸佛依般若波羅蜜故得阿耨多羅三藐三菩提’라 하였으니, 반야바라밀에 의거하여 아뇩다라삼먁삼보리를 얻을 수 있었다고 한다.

‘고득故得’으로 해서 ‘고지故知’하였고, ‘고설故說’할 수 있다는 것이다.

‘반야바라밀주般若波羅密咒’는 바로 ‘아제 아제 바라아제 바라승아제 모지 승사아竭帝 竭帝 波羅竭帝 波羅僧竭帝 菩提 僧莎呵’이다. 산스크리트어로 ‘갓테 갓테 파라갓테 파라삼갓테 보디 스바하gate gate paragate parasamgate bodhi svaha’이다.

사람들은 기도문(呪文)이니, 진언眞言이니 하지만, 구마라집은 주문咒文이라 하였다.

> 竭帝 竭帝 波羅竭帝 波羅僧竭帝 菩提 僧莎呵.
> 아제 아제 바라아제 바라승아제 모지 승사아.
> gate gate paragate parasamgate bodhi svaha.
> 갓테 갓테 파라갓테 파라삼갓테 보디 스바하.
> 가자 가자. 저 언덕으로 가자. 저 언덕으로 함께 가자. 오 깨달음이여.

주문에서는 '저 언덕으로 가자(度彼岸)'는 진언을 몇 번이고 간절하게 반복한다.

여기에서는 '바라波羅'를 언덕으로 말한다.

지혜의 언덕으로 가면, 깨달음이 온다는 풀이다.

그러나 정작 그 언덕이 무엇을 말하는지는, 어디인지는 모른다. 그리고 지혜의 언덕이라고 하지만, 언덕의 의미는 신묘하기만 하다.

아무튼 '반야바라밀般若波羅密'을 강조한 셈이다.

한역 7종《반야심경》주문咒文을 살펴보자.

구마라집	卽說咒曰 竭帝 竭帝 波羅竭帝 波羅僧竭帝 菩提 僧莎呵
현장	卽說呪曰 揭諦 揭諦 波羅揭諦 波羅僧揭諦 菩提 娑婆訶
반야 리언	卽說呪曰 蘖諦 蘖諸 波羅蘖諦 波羅僧蘖諦 菩提 娑(蘇紇反)婆訶
법월	卽說呪曰 揭諦 揭諦 波羅揭諦 波羅僧揭諦 菩提 娑婆訶
지혜륜	卽說眞言 唵(引) 誐帝 誐帝 播(引)囉誐帝 播(引)囉散誐帝 冒(引)地 娑縛(二合)賀(引)
법성	卽說般若波羅密多咒曰 峩帝 峩帝 波囉峩帝 婆囉僧峩帝 菩提 莎訶
시호	我今宣說般若波羅密多大明曰 怛[illegible](切身)他(引)(一句) 唵(引)誐帝(引) 誐帝(引引)(二) 播(引)囉誐帝(引)(三)播(引)囉僧誐帝(引)(四) 冒提 莎(引)賀(引)(五)

우선 구마라집과 법성은 주문呪文이라 하였다.

지혜륜은 주문이라 하지 않고 진언眞言이라 하면서 옴마니반메훔의 '옴唵(암)'으로 시작하였다. 송나라의 시호도 주문이라 하지 않고 '대명왈大明曰'이라 하면서 마찬가지로 진언인 '옴唵(암)'으로 시작하였다.

그리고 막고굴에서 발견된《당범번대자음반야바라밀다심경》에서도 '諓諦諓諦 播囉諓諦 播囉僧諓諦 冒地(引) 娑嚩賀(아제 아제 바라아제 바라승아제 모지 사바하)'라 하였으니 여타 주문呪文과 크게 다르지 않다.

> 아제 아제 바라아제 바라승아제 모지 승사아
>
> 竭帝 竭帝 波羅竭帝 波羅僧竭帝 菩提 僧莎呵.

결국 구마라집은 바로 이 주문을 말하려 한 것이다.

그리고 그 주문을《마하반야바라밀대명주경》끝부분에서 한없이 칭송한다.

> '반야바라밀은 가장 신비하고 밝은 주문呪文이며, 더 없는 주문呪文이며, 무엇과도 견줄 수 없는 주문呪文이니 온갖 괴로움을 없애고, 진실하여 허망하지 않음을 안다.
>
> 이제 반야바라밀 주呪를 말한다.
>
> 아제 아제 바라아제 바라승아제 모지 승사아'

반야바라밀의 주문인 반야바라밀주를 '대명大明'이라고 말하였던 구마라집.

그런데 그는 왜 이 대명大明의 본령에 대하여 알기 쉽게 설명하지 않았을까.

혹여 구마라집이 예전부터 그렇게 말하고 있는데, 우리가 잘 모르는 것일까. 아니면 대명의 본령을 우리가 잘못 해석하고 있는 것은 아닐까. 아니면 구마라집이 오래전 이에 대하여 명확히 밝혔는데, 그것이 혹여 전하여지지 않은 것이 아닐까.

《마하반야바라밀대명주경》을 지은 구마라집.

중국 황제들은 서역에서 그를 모셔와서는, 그에게 무슨 이야기를 들으려 하였을까.

구마라집.

그는 지금도 저기 저 지혜의 언덕 어디에서 화엄단장華嚴丹藏이 펼쳐지고 있는 허공을 만다라처럼 바라보고 있지는 않을까.

4

구마라집鳩摩羅什과 현장玄奘 번역본 비교

구마라집鳩摩羅什

《마하반야바라밀대명주경摩訶般若波羅密大明咒經》

현장玄奘

《마하반야바라밀다심경摩訶般若波羅密多心經》

4 구마라집鳩摩羅什과 현장玄奘 번역본 비교

摩訶般若波羅密　大明咒經 (鳩摩羅什)
摩訶般若波羅密多　　心經 (玄奘)

觀世音菩薩 行深般若波羅密　時 照見五陰　空 度一切苦厄
觀自在菩薩 行深般若波羅密多時 照見五蘊皆空 度一切苦厄

舍利弗 色空故無惱壞相 受空故無受相 想空故無知相 行空故無作相 識空故無覺相

何以故 舍利弗 非色異空 非空異色 色卽是空 空卽是色 受想行識 亦如是
舍利子 色不異空 空不異色 色卽是空 空卽是色 受想行識 亦復如是

是諸法空相 不生不滅 不垢不淨 不增不減
舍利子是諸法空相 不生不滅 不垢不淨 不增不減

是空法 非過去 非未來 非現在

是故空中無色 無受想行識 無眼耳鼻舌身意 無色聲香味觸法 無眼界乃至 無意識界 無無明亦無無明盡

是故空中無色 無受想行識 無眼耳鼻舌身意 無色聲香味觸法 無眼界乃至 無意識界 無無明亦無無明盡

乃至無老死 無老死盡 無苦集滅道 無智亦無得

乃至無老死 無老死盡 無苦集滅道 無智亦無得

以無所得故 菩薩 依般若波羅密 心無罣礙 無罣礙故 無有恐怖離 一切顚倒夢想苦惱究竟涅槃

以無所得故 菩提薩埵依般若波羅密多故心無罣礙 無罣礙故 無有恐怖遠離 顚倒夢想 究竟涅槃

三世諸佛依般若波羅密 故得阿耨多羅三藐三菩提

三世諸佛依般若波羅密 故得阿耨多羅三藐三菩提

故知般若波羅密 是大明咒 無上明咒 無等等咒 能除一切苦 眞實不虛

故知般若波羅密多 是大明呪 是無上 呪 是無等等呪 能除一切苦 眞實不虛

故說般若波羅密 咒 卽說咒曰

故說般若波羅密多呪 卽說呪曰

竭帝 竭帝 波羅竭帝 波羅僧竭帝 菩提 僧莎呵

揭諦 揭諦 波羅揭諦 波羅僧揭諦 菩提 娑婆訶

구마라집의 《마하반야바라밀대명주경摩訶般若波羅密大明咒經》은 제목 11자 본문 293자, 현장의 《마하반야반라밀다심경摩訶般若波羅密多心經》은 제목 10자 본문 263자이다.

구마라집이 후진 때 《마하반야바라밀대명주경》을 번역하여 불교역사에서의 한 획을 그었다면, 250년 후 당나라 현장의 《마하반야반라밀다심경》은 흡사 기라성綺羅星처럼 등장한 것이다.

구마라집과 현장이 동일한 원본을 번역하였는지, 아니면 다른 것인지 공식적으로 밝혀진 것이 없다. 구마라집은 스스로 머릿속에 암기하고 있던 것을 한역하였다고 밝혔으니, 그는 어떤 원본이 있었다고 주장하지는 않은 셈이다. 그리고 현장도 어떤 불경을 번역하였다고 구체적으로 밝히지 않았으니, 현장의 《마하반야반라밀다심경》은 구마라집의 영향에서 크게 벗어날 수 없다.

제목도 유사하고, 본문의 내용도 크게 다르지 않으니, 어쩌면 같은 주문咒文이다.

구마라집은 대명주경大明咒經이라 하였고, 현장은 심경心經이라 하였다.

그들의 《반야반경》을 비교해 보았다.

구마라집의 《마하반야바라밀대명주경》과 현장의 《마하반야반라밀다심경》이다.

우선 구마라집과 현장의 《반야심경》은 내용으로도 형식으로도 차이가 없다.

에둘러 말한다면 똑같다는 것이다.

큰 차이는 구마라집의 《반야심경》에는 아래 문장이 있지만, 현장 《반야심경》에는 없다는 것일 뿐이다.

"舍利弗 色空故無惱壞相 受空故無受相 想空故無知相 行空故無作相 識空故無覺相 … 是空法 非過去 非未來 非現在.

사리불. 색이 공한 까닭에 번뇌의 모습도 없고, 받음이 공한 까닭에 받음의 모습도 없고, 생각이 공한 까닭에 앎의 모습도 없고, 행함이 공한 까닭에 지음의 모습도 없고, 의식이 공한 까닭에 깨달음의 모습도 없는 것이니라 … 이 공한 법은 과거도 아니고, 미래도 아니고, 현재도 아니다."

이러한 주문은 《반야심경》에서 핵심 내용은 아니라 여겨진다.

그러나 이 문장이 있기 때문에 삼장법사 현장의 《마하반야반라밀다심경》보다는 구마라집의 《마하반야바라밀대명주경》이 이해하기 쉽다.

즉 관세음보살은 반야바라밀에 의지하여서 색수상행식色受想行識인 오음五陰이 공空하다 것을 알았기 때문에 그 결과가 다음과 같다고 자세히 설명한다.

색色이 공하면 뇌괴상惱壞相이 없으며, 수受가 공하면 수상受相이 없고, 상相이 공하면 지상知相이 없고, 행行이 공하면 작상作相이 없고, 식識이 공하면 각상覺相이 없다는 것이다.

구마라집은 이 부분에서 '하이고何以故'라는 감탄사를 쓰면서 관세음보살觀世音菩薩이 사리불舍利弗을 일깨우는 상황을 긴장감 있게 조성하였다.

관세음보살은 오음이 공한 것을 알아야 하는데, 그 방법은 반야바라밀을 통하여야 한다고 말한다. 그리고 삼라만상參羅萬像이 공空한 공법空法은 과거와 미래 그리고 현재에서도 똑같이 적용된다는 것을 강조한다. 그렇기 때문에 삼세제불三世諸佛인 과거불과 미래불 그리고 현재불 모두가 오음이 공한 것을 깨달았기 때문에 오로지 반야반라밀에 의지하여 최상의 지혜인 아뇩다라삼먁삼보리를 얻을 수 있다고 주장한다.

"是空法 非過去 非未來 非現在.

三世諸佛依般若波羅密故得阿耨多羅三藐三菩提.

이 공한 법은 과거도 아니고 미래도 아니고 현재도 아니다.

삼세의 모든 세존들은 반야바라밀에 의존하였기에 아뇩다라삼먁삼보리를 얻었다."

그런데 지금의 구마라집 《마하반야바라밀대명주경》은 불교계에서 역사적 · 학문적 접근에서의 상징적 존재일 뿐이며, 현장의 《마하반야바라밀다심경》이 정통 유일무이한 《반야심경》처럼 여겨지고 받들어진다.

이러한 움직임은 무엇인가.

삼장법사三藏法師 현장玄奘.

현장(玄奘602 - 664)은 속성이 진씨陣氏였고, 하남河南 진유進留에서 태어났다.

아버지가 죽자 그의 형을 따라 낙양洛陽의 정토사淨土寺에서 출가하는데, 그의 나이 10세였다. 출가하면서 혜경화상慧景和尙에게 《열반경涅槃經》, 엄법사嚴法師에게 《섭론攝論》 그리고 도악화상道岳和尙에게 《구사론俱舍論》을 배웠다고 한다.

마침 13세 때에 수양제隋煬帝가 학업성적이 뛰어난 27명을 뽑아 정식으로 승적을 인정하는 칙령을 내린다. 어린 나이에 당당히 합격하면서 법명을 현장玄奘이라 하였다.

현장은 유식唯識에 관한 공부를 하려고 인도로 떠나려 하였지만, 그의 유학길은 순탄하지 못했다. 당시 당나라 태조 이연李淵이 물러나고 둘째 아들 태종 이세민李世民이 등극한다. 26세가 된 현장은 서역으로 가려고 정부에 탄원서를 제출하지만, 모든 사람들에게 옥문관玉門關까지만의 통행이 허락되었다. 그는 국법을 어기고 피난민으로 가장하여 험난한 구법의 길을 떠난다.

정관貞觀3년(629년) 29세에 홀로 떠났다는 기록이 있지만, 정확히 언제 출국하였는지는 모른다는 것이 정설이다. 그가 귀국한 것은 정관19년(645년)이었다.

현장은 인도불교의 중심지인 나란타사那爛陀寺에서 계현戒賢(529 - 645)에게 5년간 유가瑜伽의 유식사상唯識思想과 구사론俱舍論을 수학하였다. 현장이 공부한 것은 호법護法(530 - 561) 계통의 유식불교였다. 그는 서역을 두루 거치며, 불사리佛舍利 150과果, 불상 9구俱, 경전 224권卷, 논장論藏 192권 등 범본梵本 경전 659부를 수습, 귀국하여 홍법사弘法寺에 봉안하였다.

태종은 현장의 서역견문을 치하하였고, 현장은 이듬해《대당서역기大唐西域記》를 진상하였다. 그리고 다음 황제인 고종高宗에게도 존경을 한 몸에 받았다.

현장은 경 · 율 · 론 삼장에 능통하여 유식론唯識論과 구사론俱舍論에 밝았다고 한다. 번역한 경전은 600권으로 구성된《대반야바라밀다경大般若波羅密多經》등 74부 1,335권이다.

현장은 귀국하여 664년 입적할 때까지 20년 동안 5일에 한 권꼴로 불경을 번역한 셈이다.

인덕仁德1년(682년)에 대자은사大慈恩寺에서 법랍 51세, 세수 63세로 입적하였다.

혜립慧立*과 언종彥悰**의 《대당대자은사삼장법사전大唐大慈恩寺三藏法師傳》에서는 현장이 아래와 같이 표현되었다.

---

* 혜립慧立(615-?) : 감숙성甘肅省 사람이며, 속성은 조씨趙氏이다.
고종高宗이 혜립慧立이란 법명을 내렸다. 유가儒家에 대하여서도 박학博學하였고, 황명皇命으로 대자은사大慈恩寺 번역대덕飜譯大德으로 받들어졌다.

** 언종彥悰 : 정관貞觀 말년에 현장법사 문하에서 공부하였다고 하는데, 생몰연도는 알 수 없다.

"법사의 키는 7척 남짓하고, 몸은 붉은빛을 띤 하얀 색이었으며, 눈썹과 눈이 뚜렷했다. 단정하고 엄숙한 모습은 마치 조각상 같았고, 아름답고 우아하기가 꼭 그림 같았다. 음성은 맑게 멀리 퍼졌으며, 말투는 우아하고 청아하여, 듣는 사람이 싫증을 내지 않았다.

혹 대중 속에 있거나, 손님을 대할 때에는, 반나절을 줄곧 앉아있어도, 자세가 흐트러짐이 없었다. 복장은 늘 가사를 입고 있었는데, 꼭 세모시로 만들어 입었다. 걸어가는 모습은 유유자적했으며, 항상 똑바로 보고, 곁눈질하지 않았다. 도도한 모습은 마치 큰 강이 대지 위를 흐르는 것 같고, 환한 모습은 연꽃이 물 위에 피어난 것 같았다.

法師形長七尺板, 身赤白色, 眉目疏朗. 端嚴若塑, 美麗如畫. 音詞淸遠, 言談雅亮, 聽者無厭. 或處徒衆, 或對嘉賓, 一坐半日, 身不傾搖. 服尙乾陁, 裁唯細氎修廣適中. 行步雍容, 直前而視, 輒不顧眄. 滔滔焉若大江之紀地, 灼灼焉類芙蕖之在水."

삼장법사 현장을 아름답게 묘사하였다

반야부경전 600부를 한자로 옮긴 삼장법사의 장엄한 법력을 찬양한 것이다.

《반야심경》하면 현장법사의《마하반야바라밀다심경摩訶般若波羅密多心經》이다.

그러나 앞에서도 살펴보았지만, 누가 뭐라고 하여도 천축국 서역왕자 구마라집의《마하반야바라밀대명주경摩訶般若波羅密大明咒經》이 진정한《반야심경》의 시작이요 원조라고 할 수 있다.

403년에 번역한 구마라집《마하반야바라밀경》〈습응품習應品〉과 현장이 옮긴《대반야바라밀다경》〈관조품觀照品〉이 거의 일치한다는 연구가 있었다.

우선 현장이 옮긴《대반야바라밀다경》〈관조품〉 첫 부분이다.

“그때, 사리자가 세존에게 말하였다.

세존.

보살마하살들은 어떻게 반야바라밀다를 수행하여야 합니까.

세존이 말하였다.

사리자. 보살마하살이 반야바라밀다를 수행할 때, 응당 관찰하되, 진실한 보살은 보살이 있음을 보지 않고, 보살의 이름을 보지 않는다. 반야바라밀다를 보지 않고, 반야바라밀다의 이름을 보지 않고, 행함을 보지 않고, 행하지 않음을 보지 않는다.

하이고. 사리자. 보살의 자성은 공하며, 보살의 이름은 공이다. 왜 그러냐면, 색의 자성이 공할지라도, 공에 의한 까닭에, 색이 공하여 색이 아님이 아니고, 색이 공을 여의지 않고, 공이 색을 여의지 않으므로, 색이 곧 공이요, 공이 곧 색이며, 수상행식의 자성이 공할지라도, 공에 의한 까닭에, 수상행식이 공하여 수상행식이 아님이 아니고, 수상행식이 공을 여의지 않고, 공이 수상행식을 여의지 않으므로, 수상행식이 곧 공이요, 공이 곧 수상행식이다.

하이고. 사리자. 이는 다만 이름이 있을 뿐이므로 보리라 하며, 이는 다만 이름이 있을 뿐이므로 살타라 이르며, 이는 다만 이름이 있을 뿐이므로 보살이라 이르며, 이는 다만 이름이 있을 뿐이므로 공이라 하며, 이는 다만 이름이 있을 뿐이므로 색수상행식이라 이르니, 이와 같이 것은 자성의 낳음이 없고, 멸함이 없고, 물듦이 없고, 청정함이 없기 때문이다.

爾時, 舍利子白佛言. 世尊. 諸菩薩摩訶薩應云何修行般若波羅密多. 佛言. 舍利子. 菩薩摩訶薩修行般若波羅密多時, 應如是觀, 實有菩薩不見有菩薩, 不見菩薩名. 不見般若波羅密多, 不見般若波羅密多名, 不見行, 不見不行. 何以故. 舍利子. 菩薩自性空, 菩薩名空. 所以者何, 色自性空, 不由空故. 色空非色, 色不離空, 空不離色, 色卽是空, 空卽是色. 受·想·

行·識自性空, 不由空故. 受·想·行·識空非受·想·行·識, 受·想·行·識不離空, 空不離受·想·行·識, 受·想·行·識卽是空, 空卽是受·想·行·識. 何以故. 舍利子. 此但有名謂爲菩提, 此但有名謂爲薩埵, 此但有名謂爲菩薩, 此但有名謂之爲空, 此但有名謂之爲色·受·想·行·識, 如是自性無生·無滅·無染·無淨."

다음으로는 구마라집이 번역한 《마하반야바라밀경》〈습응품習應品〉이다.

"사리불. 색이 공한 가운데 색이 없고, 수상행식이 공한 가운데 유식도 없다.

사리불. 색이 공하기 때문에 뇌괴상이 없고, 느낌이 공하기 때문에 수상이 없으며, 생각이 공하기 때문에 지상이 없고, 지음이 공하기 때문에 작상이 없으며, 의식이 공하기 때문에 각상이 없다.

하이고. 사리불. 색이 공과 다르지 않고 공이 색과 다르지 않으며 색이 곧 공이요 공이 곧 색이기 때문이며, 수상행식도 또한 그러하다.

사리불. 이 모든 법은 공한 모양이어서 나지도 없어지지도 않으며, 더럽지도 깨끗하지도 않으며, 늘지도 줄지도 않으며, 이 공법은 과거도 아니요 미래도 아니며 현재도 아니다. 그러므로 공 가운데는 색도 없고, 수상행식도 없으며, 안이비설신의도 없고 색성향미촉법도 없으며, 눈의 경계도 없고 나아가 의식의 경계에 이르기까지도 없으며, 무명도 없고 또한 무명이 다함도 없으며, 늙고 죽음에 이르기까지도 없고 늙고 죽음이 다함도 없으며, 고집멸도도 없으며, 또한 지혜도 없고 얻음도 없다. 수다원*도 없고 수다원과도 없으며, 사다함**도 없고 사다함과도 없으

---

* 수다원須陀洹 : 수라타파나sratapanna의 음역으로 성문4과聲聞4果 중 첫 단계이다. 수다원이 되면 탐심貪心과 진심嗔心이 없으므로, 저절로 계율을 지키게 되어 4악도에 떨어질 만한 행위는 하지 않게 되고, 그래서 일곱 생 이내에 아라한이 된다고 한다.

** 사다함斯多含 : 사크다그민sakdagmin의 음역으로, 성문4과 중 2단계이다. 한번 갔다가 왔다는

며, 아나함*도 없고 아나함과도 없으며, 아라한**도 없고 아라한과도 없으며, 벽지불***도 없고 벽지불도의 도도 없으며, 부처도 없고 부처의 도도 없다.

사리불. 보살마하살이 이와 같이 익히고 응한다면, 이것을 반야바라밀과 상응한다고 한다.

舍利弗. 色空中無有色, 受想行識空中無有識. 舍利弗. 色空故無惱壞相, 受空故無受相, 想空故無知相, 行空故無作相, 識空故無覺相. 何以故. 舍利弗. 色不異空, 空不異色. 色卽是空, 空卽是色, 受想行識亦如是. 舍利弗. 是諸法空相, 不生不滅, 不垢不淨, 不增不減. 是空法非過去, 非未來, 非現在, 是故空中無色, 無受想行識, 無眼耳鼻舌身意, 無色聲香味觸法, 無眼界乃至無意識界, 亦無無明盡亦無無明盡, 乃至亦無老死亦無老死盡, 無苦集滅道, 亦無智亦無得, 亦無須陁洹無須陁洹果, 無斯陁含無斯陁含果, 無阿那含無阿那含果, 無阿羅漢無阿羅漢果, 無辟支佛無辟支佛道, 無佛亦無佛道. 舍利弗. 菩薩摩訶薩如是習應, 是名與般若波羅密相應."

구마라집이 번역한 《마하반야바라밀경》〈습응품〉 내용이 우리가 익히 알고 있는 구마라집 《마하반야바라밀대명주경》과 매우 흡사하다. 혹여 현장이 구마라집의 《마하반야바라밀경》〈습응품〉을 《대반야바라밀다경》〈관조품〉으로 옮겨 놓은 것이 아니냐는 이야기가 그것이다. 때문에 현재 《마하반야바라밀다심경》이 과연 현장 본인이 직접 번역한 것인가 하는 논쟁이 있다는 점을

의미로 일래향一來向이라 한다.
이 지위에 오르면 이 인간 세상에 한 번만 더 왔다 감으로써 열반에 이르러 생사를 면하게 된다.

* 아나함阿那含 : 아나가민anāgāmin의 음역으로 성문4과 중 제3단계이다.
인간 세상에 다시 오지 않는다는 뜻으로 불래不來라 한다.
즉 인간 세상에 다시 오지 않는다는 뜻이다.

** 아라한阿羅漢 : 성문 마지막 단계로서, 아르한arhan의 음역으로 수행이 극치에 이른 성인이다.

*** 벽지불辟支佛 : 독각獨覺이라 하며, 부처의 가르침에 의하지 아니하고, 스스로 깨우치고, 고요와 고독을 즐기므로 설화교법을 하지 않는 성자이다.

되짚는다.

우선 현장이 《마하반야바라밀다심경》을 649년 종남산終南山 취미궁翠微宮에서 번역하였다는 것은 불교계의 정설이다.

파미르 구자국에서 량주凉州를 거쳐 장안에 입성한 구마라집의 왕성한 불경번역 시기가 50대 후반 60대 초반인 것을 감안한다면, 후진 요흥 홍시4년(402년) 구마라집이 59세되던 해부터 황제의 부탁으로 소요원에서 번역을 활발하게 진행한 것이 역사적 사실이다. 그렇다면 구마라집과 현장의 반야심경 번역본은 대략 250년 차이가 난다.

현장의 번역본을 현존하는 산스크리트본과 대조한다면, 원본에 충실한 번역이라고는 한다. 그러나 현존하는 산스크리트본이 본래의 뜻과 의미를 온전하게 보존한다고는 대부분 장담하지 못한다.

《대당대자은사삼장법사전》에서는 아래와 같은 내용이 있다.

> "그러나 반야부는 방대하고, 황제가 있는 수도에는 잡무가 많고, 또한 인명은 무상한 것이어서, 끝내지 못할까 걱정이었다. 그래서 법사는 곧 옥화궁에 가서 번역할 것을 청하였고, 황제는 이를 허락하였다.
>
> 바로 고종高宗 현경顯慶 4년(659) 겨울 10월. 법사는 황제가 있는 경사를 출발하여 옥화궁으로 가게 되었는데, 경을 번역하는 대덕들과 문도들도 함께 갔다. 모든 생활필수품에 대한 공급은 경사에서와 같았으며, 그곳에서는 숙성원에서 편안하게 거처하였다.
>
> 현경 5년(660) 봄인 정월 1일, 《대반야경》의 번역을 먼저 시작했다.
>
> 이 경의 범본 원전은 모두 20만 송이나 된다. 글이 워낙 광대하였으므로, 학도들은 매번 생략하기를 청했고, 법사는 대중들의 뜻에 따라서, 구마라집이 번역한 것처럼, 번잡한 것을 빼고 중복된 것은 생략하도록 하였다.

然《般若》部大, 京師多務, 又人命無常, 恐難得了. 乃請就於玉華宮翻譯, 帝許焉. 卽以四年冬十月. 法師從京發向玉華宮, 并翻經大德及門徒等同去. 其供給諸事一如京下, 至彼安置肅誠院焉. 至五年春正月一日, 起首翻《大般若經》. 經梵本摠有二十萬頌. 文旣廣大, 學徒每請刪略, 法師將順衆意, 如羅什所翻, 除繁去重."

현장은 구마라집의 번역 방법을 따랐다고 한다.

구마라집이 하였던 것처럼 번잡한 것을 빼고 중복된 것을 생략하였다(除繁去重)고 하였기 때문이다.

구마라집이 광대한 범본 원전을 번역하면서 마음대로 생략하였으니, 마지못해 현장도 그러한 방법을 따랐다는 것이다. 삼장법사 현장이 학도들 의견을 받아들인 것처럼 서술되었으니, 현장은 구마라집의 번역에 대하여 전적으로 신뢰하지 않은 것으로 여겨진다.

아무튼 당나라 현장법사의《마하반야바라밀다심경》이 우리나라에서 장엄하게 독송되는 경전으로 자리 잡았다. 그리고 현장의《마하반야바라밀다심경》을 조계종에서 공식적으로 우리 말로 옮겨 공포하였다.

구마라집의《마하반야바라밀대명주경》과 현장의《마하반야바라밀다심경》은 적지 않은 시간 차이가 난다. 구마라집과 현장의 활동무대는 장안이었다. 그렇다면 현장법사가《마하반야바라밀다심경》을 번역할 때, 구마라집의《마하반야바라밀대명주경》을 참고하였다는 것은 분명한 사실이다.

5

반야심경般若心經과 한역漢譯 7종

5 반야심경般若心經 한역漢譯 7종*

《반야심경般若心經》 한역본漢譯本 7종이다.

구마라집鳩摩羅什	《마하반야바라밀대명주경摩訶般若波羅密大明咒經》
현장玄奘	《마하반야바라밀다심경摩訶般若波羅密多心經》
반야般若 · 리언利言	《반야바라밀다심경般若波羅密多心經》
법월法月	《보편지장반야바라밀다심경普遍智藏般若波羅密多心經》
지혜륜智慧輪	《반야바라밀다심경般若波羅密多心經》
법성法成	《반야바라밀다심경般若波羅密多心經》
시호施護	《성불모반야바라밀다심경聖佛母般若波羅密多心經》

불경佛經은 서분序分과 유통본流通本 그리고 정종분正宗分으로 구성되어 있다.

이를 삼분과경三分科經이라 하며, 이러한 편찬방법은 석도안釋道安에 의해 시작되었다 한다. 바로 이 도안이 전진 부견에게 서역의 구마라집을 장안으로 모셔올 것을 제안한 인물이다. 특히 도안과 구마라집은 용수의 중관사상에 정통하여 '공'에 대한 연구가 깊었던 인물들이다. 그리고 '공空'에 대한 연구는 누가 뭐라고 하여도 용수에서 기원하였을 것이다. 그리고 구마라집과

* 반야심경般若心經 한역漢譯 7종은 이중표의 《니까야로 읽는 반야심경》을 참고하였다.

현장의 '색즉시공, 공즉시색'은 이러한 인연으로 시작되었을 것이다.

특히 도안은 전진 부견 원년인 365년에 〈마하반야바라밀경초서摩訶般若波羅密經初序〉를 지었으니, 이를 구마라집이 예사로 보았을 것이라고는 상상하기 어렵다.

구마라집과 현장의 번역본은 정종분만 있는 약본이다.

불경은 세존世尊의 이야기를 전하는 경전이기에, 일반 서적과는 다른 화엄단장華嚴丹粧이 필요하였을 것이다. 그렇지만 그러한 방대하면서도 복잡한 불경을 이해하기에 일반인은 벅찬 일이다.

구마라집은《마하반야바라밀대명주경摩訶般若波羅密大明咒經》을 약본인 정종분의 형식으로 번역하였다. 그리고 현장도《마하반야바라밀다심경摩訶般若波羅密多心經》을 번역하면서 구마라집의 이런 편집 형태를 답습하였다고 볼 수 있다.

그리고 반야와 리언 · 법월 · 지혜륜 · 법성 · 시호의 번역본은 구마라집과 현장과 다른 광본 또는 대본의 체제를 갖추었다. 사실 약본이 아닌 광본의 체제를 갖추었다고는 하지만, 내용으로는 서분과 유통분에서 세존의 위력威力을 찬양한 부분이 있을 뿐이지, 구마라집과 현장의 번역과 별반 큰 차이가 없다.

다만 참고할 내용이 있어, 각주를 사용하여 설명을 보태었다.

구마라집鳩摩羅什	《마하반야바라밀대명주경摩訶般若波羅密大明咒經》
현장玄奘	《마하반야바라밀다심경摩訶般若波羅密多心經》
반야般若 · 리언利言	《반야바라밀다심경般若波羅密多心經》
법월法月	《보편지장반야바라밀다심경普遍智藏般若波羅密多心經》
지혜륜智慧輪	《반야바라밀다심경般若波羅密多心經》
법성法成	《반야바라밀다심경般若波羅密多心經》
시호施護	《성불모반야바라밀다심경聖佛母般若波羅密多心經》

5-1 구마라집鳩摩羅什 《마하반야바라밀대명주경摩訶般若波羅密大明咒經》

摩訶般若波羅密大明咒經

姚秦 天竺 三藏法師 鳩摩羅什

觀世音菩薩 行深般若波羅密時 照見五陰空 度一切苦厄 舍利弗 色空故無惱壞相 受空故無受相 想空故無知相 行空故無作相 識空故無覺相 何以故 舍利弗 非色異空 非空異色 色卽是空 空卽是色 受想行識 亦如是 是諸法空相 不生不滅 不垢不淨 不增不減 是空法 非過去 非未來 非現在 是故空中無色 無受想行識 無眼耳鼻舌身意 無色聲香味觸法 無眼界乃至 無意識界 無無明亦無無明盡 乃至無老死 無老死盡 無苦集滅道 無智亦無得以無所得故 菩薩依般若波羅密 心無罣礙 無罣礙故 無有恐怖 一切離顚倒夢想 苦惱究竟涅槃 三世諸佛依般若波羅密 故得阿耨多羅三藐三菩提 故知般若波羅密是大明咒 無上明咒 無等等咒 能除一切苦眞實不虛

故說般若波羅密咒 卽說咒曰

竭帝 竭帝 波羅竭帝 波羅僧竭帝 菩提 僧莎呵

마하반야바라밀대명주경

요진 천축국 삼장법사 구마라집

관세음보살이 깊은 반야바라밀을 행할 바로 그때, 오음이 공한 것을 비추어 보고 온갖 고통에서 건넌다. 사리불. 색이 공한 까닭에 번뇌의 모습도 없고, 받음이 공한 까닭에 받음의 모습도 없고, 생각이 공한 까닭에 앎의 모습도 없고, 행함이 공한 까닭에 지음의 모습도 없고, 의식이 공한 까닭에 깨달음의 모습도 없다. 하이고. 사리불. 색은 공과 다른 것이 아니고, 공은 색과 다른 것이 아니니, 색이 곧 공이요, 공이 곧 색이니, 수상행식도 또한 그와 같다.

모든 법은 공하여, 나지도 멸하지도 않으며, 더럽지도 깨끗하지도 않으며, 늘지도 줄지도 않는다. 이 공한 법은 과거도 아니고, 미레도 이니고, 현재도 아니다. 그러므로 공 가운데 색이 없고, 수상행식도 없으며, 안이비설신의도 없고, 색성향미촉법도 없으며, 눈의 경계도 의식의 경계까지도 없고, 무명도 무명이 다함까지도 없으며, 늙고 죽음도 늙고 죽음이 다함까지도 없고, 고집멸도도 없으며 지혜도 얻음도 없다. 무를 얻은 까닭에 보살은 반야바라밀을 의지하므로, 마음에 걸림이 없고, 걸림이 없으므로 두려움이 없어서, 뒤바뀐 헛된 생각을 멀리 떠나 완전한 열반에 들어간다. 삼세의 모든 부처도 반야바라밀을 의지하므로, 때문에 아뇩다라삼먁삼보리를 얻고, 때문에 반야바라밀은 커다란 밝은 주문이며 더 없는 밝은 주문이며 무엇과도 견줄 수 없는 주문이니 온갖 괴로움을 없애고 진실하여 허망하지 않음을 알고, 때문에 반야바라밀주를 말할 수 있다.

이제 주문을 말하려 한다

아제 아제 바라아제 바라승아제 모지 승사아

5-2 현장玄奘 《마하반야바라밀다심경摩訶般若波羅密多心經》*

摩訶般若波羅密多心經

唐 三藏 玄奘法師

觀自在菩薩 行深般若波羅密多時 照見五蘊皆空 度一切苦厄 舍利子 色不異空 空不異色 色卽是空 空卽是色 受想行識 亦復如是 舍利子 是諸法空相 不生不滅 不垢不淨 不增不減 是故空中無色 無受想行識 無眼耳鼻舌身意 無色聲香味觸法 無眼界乃至 無意識界 無無明亦無無明盡 乃至無老死 亦無老死盡 無苦集滅道 無智亦無得 以無所得故 菩提薩埵依般若波羅密多故 心無罣礙 無罣礙故 無有恐怖 遠離顚倒夢想 究竟涅槃 三世諸佛依般若波羅密 故得阿耨多羅三藐三菩提 故知般若波羅密多是大明呪 是無上呪 是無等等呪 能除一切苦眞實不虛

故說般若波羅密多呪 卽說呪曰

揭諦 揭諦 波羅揭諦 波羅僧揭諦 菩提 娑婆訶

* 조계종에서 현장의 《마하반야바라밀다경》을 공식적으로 우리 말로 옮겨 공포하였다.

마하반야바라밀다심경

당 삼장 현장법사

관자재보살이 깊은 반야바라밀다를 행할 때, 오온이 공한 것을 비추어 보고 온갖 고통에서 건너느니라. 사리자여. 색이 공과 다르지 않고 공이 색과 다르지 않으며, 색이 곧 공이요, 공이 곧 색이니, 수상행식도 그러하니라. 사리자여. 모든 법은 공하여, 나지도 멸하지도 않으며, 더럽지도 깨끗하지도 않으며, 늘지도 줄지도 않느니라. 그러므로 공 가운데는 색이 없고, 수상행식도 없으며, 안이비설신의도 없고, 색성향미촉법도 없으며, 눈의 경계도 의식의 경계까지도 없고, 무명도 무명이 다함까지도 없으며, 늙고 죽음도 늙고 죽음이 다함까지도 없고, 고집멸도도 없으며 지혜도 얻음도 없느니라. 얻을 것이 없는 까닭에 보살은 반야바라밀다를 의지하므로, 마음에 걸림이 없고, 걸림이 없으므로 두려움이 없어서, 뒤바뀐 헛된 생각을 멀리 떠나 완전한 열반에 들어가며, 삼세의 모든 부처님도 반야바라밀다를 의지하므로 최상의 깨달음을 얻느니라. 반야바라밀다는 가장 신비하고 밝은 주문이며, 위 없는 주문이며, 무엇과도 견줄 수 없는 주문이니, 온갖 괴로움을 없애고, 진실하여 허망하지 않음을 알지니라.

이제 반야바라밀다주를 말하리라.

아제 아제 바라아제 바라승아제 모지 사바하

5-3 반야般若와 리언利言 《반야바라밀다심경般若波羅密多心經》

般若波羅密多心經

罽賓國* 三藏 般若·利言

如是我聞

一時 佛在王舍城耆**闍崛山中*** 與大比丘衆及菩薩衆俱 時佛世尊即入三昧 名廣大甚深 爾時 衆中有菩薩摩訶薩 名觀自在 行深般若波羅密多時照見五蘊皆空 離諸苦厄 即時舍利弗承佛威力**** 合掌恭敬白觀自在菩薩摩訶薩言 善男子 若有欲學甚深般若波羅密多行者 云何修行 如是問已 爾時觀自在菩薩摩訶薩告具壽舍利弗言 舍利子 若善男子 善女人 行深般若波羅密多行時 應觀五蘊性空 舍利子 色不異空 空不異色 色即是空 空即是

---

* 계빈국罽賓國 : 지금의 신장 위구르 지역인 파미르고원 근처, 펀잡 북쪽인 카불 동쪽에 있는 고대 국가이다. 소위 간다라지방이다. 특히 쿠샨왕조 도읍지와 가까운 곳이다.

** 왕사성王舍城 : 중인도中印度 마갈타국摩竭陀國의 도성이며, 이 성 밖에는 중인도 왕이 세존의 거처를 위해 꾸민 죽원정사竹園精舍가 있다.

*** 기사굴산耆闍崛山 : 영축산靈鷲山·취두산鷲頭山·취봉산鷲峰山이라고도 하며 빨리어를 음차하여 기사굴산이라 한다. 왕사성에서 동쪽 3㎞에 있는 영산靈山이다. 산의 형상이 흡사 독수리 같고 또한 산 정상에는 많은 독수리들이 살고 있기 때문에 이러한 이름을 얻었다고 한다.

**** 승불위력承佛威力 : 승불위력은 '세존의 위력의 도움으로' 해석된다. 관자재보살이 깊은 반야바라 밀다를 행할 때, 사리자는 세존의 위력의 도움으로 관자재보살에게, 반야바라밀다를 어떻게 하면 깊이 행할 수 있느냐고 묻는다. 이러한 형식은 다음에서도 반복되는데, 세존이 이야기하고 싶은 내용을 사리자에게 시켜 관자재보살을 통해 밝히는 것으로 이해하고 있다. 구마라집이나 현장은 이러한 방법을 택하지 않고 관세음보살이 사리자에게 직접 이야기하는 형식이다. 즉 광본의 체제를 갖춘 형식으로, 서분에서 그 내용을 설명하기 위한 하나의 구성으로도 보인다.

色 受想行識 亦復如是 舍利子 是諸法空相 不生不滅 不垢不淨 不增不減 是故空中無色 無受想行識 無眼耳鼻舌身意 無色聲香味觸法 無眼界乃至無意識界 無無明亦無無明盡 乃至無老死亦無老死盡 無苦集滅道 無智亦無得 以無所得故菩提薩埵依波羅密多故 心無罣礙 無罣礙故 無有恐怖遠離顚倒夢想 究竟涅槃 三世諸佛依般若波羅密多故 得阿耨多羅三藐三菩提 故知般若波羅密多是大神呪 是大明呪 是無上呪 是無等等呪 能除一切苦 眞實不虛

故說般若波羅密多呪

即說呪日 糵諦 糵諸 波羅糵諦 波羅僧糵諦 菩提 娑(蘇紇反)婆訶

如是 舍利弗 諸菩薩摩訶薩於甚深若波羅密多行 應如是行 如是說已 即時 世尊從廣大甚深三摩地起 讚觀自在菩薩摩訶薩言 善哉 善哉 善男子如是如是 如汝所說 甚深般若波羅密多行 應如是行 如是行時 一切如來皆悉隨喜 爾時 世尊說是語已 具壽舍利弗大喜充遍 觀自在菩薩摩訶薩亦大歡喜 時彼衆會天人阿修羅乾闥婆等 聞佛所說 皆大歡喜 信受奉行

반야바라밀다심경

계빈국 삼장 반야·리언

이와 같이 나는 들었다.

한때 세존이 왕사성 기사굴산에서 많은 비구·보살 무리와 함께 있었다. 그때 불세존이 광대심심이라는 삼매에 들었다. 이때 대중 가운데 관자재라는 보살마하살이 있었는데, 깊은 반야바라밀다를 실천할 때 오온이 모든 공임을 비추어보고 일체의 고액에서 벗어났다. 바로 그때 사리불이 부처의 위력으로 합장하여 공경하고 관자재보살에게 말했다. 선남자. 깊은 반야바라밀다행을 배우고자 하는 사람은 어떻게 수행해야 합니까. 이렇게 묻자, 관자재보살마하살이 구수 사리불에게 말했다. 사리자. 선남자 선여인이 깊은 반야바라밀다행을 수행할 때는 마땅히 오온의 자성이 공인 것을 통찰해야 한다. 사리자. 색은 공과 다르지 않고, 공은 색과 다르지 않아서 색이 곧 공이요, 공이 곧 색이다. 수상행식도 이와 같다. 사리자. 이들 법의 공상은 생긴 것도 아니고 소멸하는 것도 아니며, 더럽혀지는 것도 아니고 청정한 것도 아니며, 늘어나는 것도 아니고 줄어드는 것도 아니다. 그러므로 공 가운데는 색이 없고, 수상행식이 없다. 안이비설신의가 없고, 색성향미촉법도 없다. 안계 혹은 의식계가 없으며, 무명이 없고, 무명의 멸진도 없으며, 혹은 노사도 없고 노사의 멸진도 없다. 얻을 것이 없기 때문에 보살은 반야바라밀다에 의지함으로써 마음에 걸림이 없으며, 걸림이 없기 때문에 두려움이 없이 일체의 전도몽상을 멀리 떠나 마침내 열반을 도달한다. 삼세의 모든 부처들도 반야바라밀다에 의지함으로써 아뇩다라삼먁삼보리를 얻는다. 그러므로 반야바라밀다는 크게 신통한 주문이며, 크게 밝은 주문이며, 위 없는 주문이며, 비길 곳 없는 주문이며, 능히 일체의 괴로움을 없애는 것이니, 진실하고 허망하지 않은 것임을 알아야 한다.

그래서 반야바라밀다주를 설하겠다.

주를 설하여 말하기를, 아제 아제 바라아제 바라승아제 모지 사바하

이와 같이 사리불. 보살마하살들은 깊은 반야바라밀다행을 수행하여야 한다. 이처럼 말하자 바로 그때 세존이 광대심심삼매에서 깨어나 관자재보살마하살을 찬탄하며 말하였다. 훌륭하다. 훌륭하다. 선남자여 바로 그렇다. 그대의 이야기처럼 깊은 반야바라밀다행을 이와 같이 수행하여야 한다. 이와 같이 수행할 때 일체의 여래가 모두 따라서 기뻐한다. 그때 세존께서 이 말씀을 하자 구수 사리불은 큰 기쁨에 가득 찼으며 관자재보살도 기뻐하였다. 그때 그 모임에 모인 천신 · 인간 · 아수라 · 건달바 등이 부처의 말씀을 듣고 모두 크게 기뻐하며 믿고 받들어 행하였다.

5-4 법월法月
《보편지장반야바라밀다심경普遍智藏般若波羅密多心經》

普遍智藏般若波羅密多心經

摩竭提國 三藏 沙門 法月

如是我聞

一時 佛在王舍大城靈鷲山*中 與大比丘衆滿百千人 菩薩摩訶薩七萬七千人俱 其名日觀世音菩薩 文殊師利菩薩 彌勒菩薩等 以爲上首 皆得三昧總持 住不思議解說 爾時 觀自在菩薩摩訶薩在彼敷坐 於其衆中即從座起面向合掌 曲躬恭敬 瞻仰尊顏而白佛言 世尊 我欲於此會中 說諸菩薩普遍智藏般若波羅密多心 唯願世尊聽我所說 爲諸菩薩宣秘法要 爾時 世尊以妙梵音告觀自在菩薩摩訶薩言 善哉 善哉 具大悲者 聽汝所說 與諸衆生作大光明 於是觀自在菩薩摩訶薩蒙佛聽許 佛所護念 入於慧光三昧正受 入此定已 以三昧力行深般若波羅密多時 照見五蘊自性皆空 彼了知五蘊自性皆空 從彼三昧安祥而起 即告慧命舍利弗言 善男子 菩薩有般若波羅密多心 名普遍智藏 汝今諦聽善思念之 吾當爲汝分別解說 作是語已 慧命舍利弗白觀自在菩薩摩訶薩言 唯大淨者 願爲說之 今正是時 於斯告舍利弗諸菩薩摩訶薩應如是學 色性是空 空性是色 色不異空 空不異色 色即是空

---

* 영축산靈鷲山 : 왕사성에서 3㎞ 떨어진 곳으로, 신령스러운 독수리가 산다는 산이다. 우리나라 경남 양산 통도사通度寺의 영취산靈鷲山과 그 의미가 같다.

空即是色 受想行識 亦復如是 識性是空 空性是識 識不異空 空不異識 識即是空 空即是識 舍利子 是諸法空相 不生不滅 不垢不淨 不增不減 是故空中無色 無受想行識 無眼耳鼻舌身意 無色聲香味觸法 無眼界乃至無意識界 無無明亦無無明盡 乃至無老死亦無老死盡 無苦集滅道 無智亦無得以無所得故 菩提薩埵依般若波羅密多故 心無罣礙 無罣礙故 無有恐怖遠離顚倒夢想 究竟涅槃 三世諸佛依般若波羅密多故 得阿耨多羅三藐三菩提 故知般若波羅密多是大神呪 是大明呪 是無上呪 是無等等呪 能除一切苦 眞實不虛

故說般若波羅密多呪

即說呪曰 揭諦 揭諦 波羅揭諦 波羅僧揭諦 菩提 娑婆訶

佛說是經已 諸比丘及菩薩衆 一切世間天人阿修羅乾闥婆等 聞佛所說皆大歡喜 信受奉行

보변지장반야바라밀다심경
마갈제국 삼장 사문 법월

이와 같이 나는 들었다.

한때 세존이 왕사대성 영축산에서 10만 명이나 되는 많은 비구들과 7만7천 명의 보살마하살들과 함께 있었다. 그 이름을 말하자면 관세음보살 · 문수보살 · 미륵보살 등이며 이들과 함께 모두가 삼매와 총지를 얻어 불사의해탈에 머무는 사람들이었다. 그때 그 대중 가운데 자리를 펴고 앉아있던 관자재보살마하살이 자리에서 일어나 세존에게 나아가 얼굴을 향하여 합장하고 몸을 숙여 공경한 후에 존안을 우러러 세존에게 말하였다. 세존. 제가 이 모임 가운데서 모든 보살의 보변지장인 반야바라밀다의 핵심을 이야기하고자 하니, 세존은 제가 보살들을 위하여 비밀스러운 법요를 펴도록 허락하여 주십시오. 그때 세존은 미묘한 범음으로 관자재보살마하살에게 말하였다. 훌륭하다. 훌륭하다. 대비를 구족하였다. 그대의 청을 들어주겠으니 중생들에게 큰 광명을 지어주기 바란다. 이에 관자재보살마하살은 부처의 허락과 부처의 당부를 받아 혜광삼매에 들었다. 이 선정에 들어가서 삼매의 힘으로 깊은 반야바라밀다를 실천할 때 오온의 자성이 모두 공인 것을 보았다. 그는 오온의 자성이 모두 공空인 것을 깨닫고 삼매에서 깨어나 혜명* 사리불에게 말했다. 선남자. 보살에게는 보변지장이라고 불리는 반야바라밀다의 핵심이 있으니, 그대는 이제 새겨 듣고 잘 생각해 보라. 내가 그대를 위하여 설명하겠다. 이렇게 말하자, 혜명 사리불이 관자재보살에게 말했다. 크게 청정한 분이여, 그것을 말씀해 주시오. 지금 바로 말할 때입니다. 이에 사리불에게 말하였다. 보살마하살들은 색성은 공이며, 공성은 색

* 혜명慧命 : 혜명慧命 수보리須菩提나 혜명慧命 사리불舍利弗과 같이 깨달음을 얻은 존자들에 대한 존경의 칭호이다.

이다. 색은 공과 다르지 않고, 공은 색과 다르지 않아서, 색이 곧 공이고 공이 곧 색이다. 수상행식도 이와 같다. 식성은 공이며, 공성은 식이다. 식은 공과 다르지 않아, 식이 곧 공이고 공이 곧 식이라 공부하여야 한다. 사리자여, 이들 법의 공상은 생긴 것도 아니고 소멸하는 것도 아니며, 더럽혀지는 것도 아니고 청정한 것도 아니며, 늘어나는 것도 아니고 줄어드는 것도 아니다. 그러므로 공 가운데 색이 없고, 수상행식도 없다. 안이비설신의가 없고 색성향미촉법도 없다. 안계 혹은 의식계가 없으며, 무명이 없고, 무명의 멸진도 없으며, 혹은 노사도 없고 노사의 멸진도 없다. 고집멸도도 없고, 깨달은 것도 없고, 얻을 것도 없다. 얻을 것이 없기 때문에 보살은 반야바라밀다에 의지하므로 마음에 걸림이 없으며, 걸림이 없기 때문에 두려움이 없이 일체의 전도몽상을 멀리 떠나 마침내 열반을 성취한다. 삼세의 모든 부처들도 반야바라밀다에 의지하여 아뇩다라삼먁삼보리를 얻는다. 그러므로 반야바라밀다는 크게 신통한 주문이며, 크게 밝은 주문이며, 위 없는 주문이며, 비길 바 없는 주문이며, 능히 일체의 괴로움을 없애며, 진실하고 허망하지 않은 것임을 알아야 한다.

그래서 반야바라밀다주를 말하겠다.

주문을 설하여 말하기를, 아제 아제 바라아제 바라승아제 모지 사바하

세존이 이 경을 설하시니 여러 비구들과 보살 무리와 일체의 세간과 천신 · 인간 · 아수라 건달바 등은 세존의 이야기를 듣고 모두 크게 기뻐하며 믿고 받들어 행하였다.

5-5 지혜륜智慧輪《반야바라밀다심경般若波羅密多心經》

般若波羅密多心經

唐上都 大興善寺 三藏 沙門 智慧輪

如是我聞

一時 薄阿梵*住王舍城鷲峰山中 與大苾蒭衆及大菩薩衆俱 爾時 世尊入三摩地 名廣大甚深照見 時衆中有一菩薩摩訶薩 名觀世音自在 行甚深般若波羅密多行時 照見五蘊自性皆空 即時具壽舍利子 承佛威神 合掌恭敬 白觀世音自在菩薩摩訶薩言 聖者 若有欲學甚深般若波羅密多行 云何修行 如是問已 爾時 觀世音自在菩薩摩訶薩告具壽舍利子言 舍利子 若有善男子 善女人 行甚深般若波羅密多行時 應照見五蘊自性皆空 離諸苦厄 舍利子 色空 空性見色 色不異空 空不異色 是色即空 是空即色 受想行識亦復如是 舍利子 是諸法性相空 不生不滅 不垢不淨 不增不減 是故空中無色 無受想行識 無眼耳鼻舌身意 無色聲香味觸法 無眼界乃至無意識界 無無明亦無無明盡 乃至無老死盡 無苦集滅道 無智證 無得 以無所得 菩提薩埵依般若波羅密多住 心無障礙 心無障礙故 無有恐怖 遠離顚倒夢相

* 박아범薄誐梵 : 빨리어 빠가바bhagava의 음사音寫이다. 산스크리트어 빠까바트bhagavat(bhagavate)는 고타마 붓다를 비롯한 부처의 지위를 증득한 이를 말하는 호칭 가운데 하나이다. 박아범薄阿梵 · 박가범薄伽梵 · 파가범婆伽梵 · 파가반婆伽伴 등으로 음역된다.
이러한 호칭은 모든 부처 또는 여래에게만 통용되는 호칭이며, 부처의 다른 명칭이라는 뜻에서 제불통호諸佛通號라고도 한다.

究竟寂然 三世諸佛依般若波羅密多故 得阿耨多羅三藐三菩提 現成正覺 故知般若波羅密多是大眞言 是大明眞言 是無上眞言 是無等等眞言 能除一切苦 眞實不虛

故說般若波羅密多眞言

即說眞言 唵(引)* 誐帝 誐帝 播(引)囉誐帝 播(引)囉散誐帝 冒(引)地娑縛(二合)賀(引)

如是 舍利子 諸菩薩摩訶薩 於甚深般若波羅密多行 應如是學 爾時 世尊從三摩地安祥而起 讚觀世音自在菩薩摩訶薩言 善哉 善哉 善男子 如是如是 如汝所說 甚深般若波羅密多行 應如是行 如是行時 一切如來悉皆隨喜 爾時 世尊如是說已 具壽舍利子 觀世音自在菩薩 及彼衆會一切世間天人阿蘇囉巘馱嚩等 聞佛所說 皆大歡喜 信受奉行

* 옴唵(암) : 《반야심경》 7종 가운데 유일하게 주문呪文에서 관세음보살觀世音菩薩 본심미묘本心微妙 육자대명왕진언六字大明王眞言인 '옴 마니 반메 훔'의 옴을 사용하였다. 특이한 것은 '옴마니반메훔'의 '옴'을 '암唵'이라 한 것이다.

반야바라밀다심경
당상도 대흥선사 삼장 사문 지혜륜

이와 같이 나는 들었다.

한때 세존 박아범이 왕사성 영축산에서 큰 비구의 무리 및 보살 무리와 함께 있었다. 그때 세존은 광대심심조견 삼매에 들었다. 그때 대중 가운데 있던 관세음자재보살이 반야바라밀다를 수행하면서 오온의 자성이 모두 공한 것을 비추어 보았다. 바로 그때 구수* 사리자가 세존의 위신력을 받아 합장하여 공경하고 관세음자재보살마하살에게 말하였다. 성자. 깊은 반야바라밀다행을 공부하고자 하는 사람은 어떻게 수행하여야 합니까. 이와 같이 묻자 관세음자재보살마하살이 구수 사리자에게 말했다. 사리자. 만약에 선남자 선여인이 깊은 반야바라밀다행을 수행할 때 오온의 자성이 공인 것을 비추어보면 모든 괴로움에서 벗어난다. 사리자. 색은 공이며 공성이므로 색을 보되 색은 공과 다르지 않고 공은 색과 다르지 않으므로 색이 곧 공이요, 공이 곧 색이다. 수상행식도 이와 같다. 사리자. 이들 법의 성상은 공하여 생긴 것도 아니고 소멸하는 것도 아니며, 더럽혀지는 것도 아니고 청정한 것도 아니며, 늘어나는 것도 아니고 줄어드는 것도 아니다. 그러므로 공 가운데 색이 없고, 수상행식도 없다. 안이비설신의가 없고, 색성향미촉법도 없다. 안계 혹은 의식계가 없으며, 무명이 없고, 무명의 멸진도 없으며, 혹은 노사도 없고 노사의 멸진도 없다. 고집멸도가 없고, 깨달을 것도 없고, 얻을 것도 없다. 얻을 것이 없기 때문에 보살은 반야바라밀다에 의지하여 살아감으로써 마음에 걸림이 없으며, 걸림이 없기 때문에 두려움이 없이 일체의 전도몽상을 멀리 떠나 마침내 열반을 성취한다. 삼세의 모든 부처

---

* 구수具壽 : 사리불을 존경하는 의미에서 혜명慧命 또는 구수具壽를 앞에 붙인다. 수보리 존자에게는 장노長老를 붙이기도 하였다.

들도 반야바라밀다에 의지하여 아뇩다라삼먁삼보리를 얻어 정각을 성취한다. 그러므로 반야바라밀다는 큰 진언이며, 크게 밝은 진언이며, 위 없는 진언이며, 비길 바 없는 진언이며, 능히 일체의 괴로움을 없애며, 진실하고 허망하지 않은 것임을 알아야 한다.

그래서 반야바라밀다 진언을 설하겠다.

옴 아제 아제 바라아제 바라산아제 모지 사바하

이와 같다, 사리자. 보살마하살들은 깊은 반야바라밀다행에 대하여 이와 같이 수행하여야 한다. 그때 세존이 삼매에서 깨어나 관세음자재보살마하살을 찬탄하여 말하였다. 훌륭하다. 훌륭하다. 선남자여 바로 그렇다. 그대의 말과 같이 깊은 반야바라밀다행은 마땅히 이와 같이 수행하여야 한다. 이와 같이 수행할 때 일체의 여래가 모두 따라서 기뻐한다. 그때 세존이 이와 같이 말하자, 구수 사리자와 관세음자재보살 그리고 그 모임에 모인 모든 세간의 천신 · 인간 · 아수라 · 건달바 등은 세존의 말씀을 듣고 모두 크게 기뻐하면서 믿고 받들어 행하였다.

5-6 법성法成《반야바라밀다심경般若波羅密多心經》

般若波羅密多心經 燉煌石室本

國大德 三藏法師 沙門 法成

如是我聞

一時 薄伽梵住王舍城鷲峰山中 與大苾蒭衆及諸菩薩摩訶薩俱 爾時 世尊等入甚深明了三摩地法之異門 復於爾時 觀自在菩薩摩訶薩行深般若波羅密多時 觀察照見五蘊體性悉皆是空 時 具壽舍利子 承佛威力 白聖者觀自在菩薩摩訶薩曰 若善男子欲修行甚深般若波羅密多者 復當云何修學作是語已 觀自在菩薩摩訶薩答具壽舍利子言 若善男子及善女人 欲修行甚深般若波羅密多者 彼應如是觀察 五蘊體性皆空 色即是空 空即卽色 色不異空 空不異色 如是 受想行識亦復皆空 是故舍利子 一切法空性無相無生無滅 無垢離垢 無減無增 舍利子 是故 爾時 空性之中 無色 無受 無想 無行亦無有識 無眼 無耳 無鼻 無舌 無身 無意 無色 無聲 無香 無味無觸 無法 無眼界乃至無意識界 無無明 亦無無明盡 乃至無老死亦無老死盡 無苦集滅道 無智 無得 亦無不得 是故舍利子 以無所得故 諸菩薩衆依止般若波羅密多 心無障礙 無有恐怖 超過顚倒 究竟涅槃 三世一切諸佛亦皆依般若波羅密多故 證得無上正等菩提 舍利子 是故當知般若波羅密多大密咒者 是大明呪 是無上咒 是無等等咒 能除一切諸苦之咒 眞實無倒

知般若波羅密多是秘密咒

即說般若波羅密多咒曰

峩帝 峩帝 波囉峩帝 婆囉僧峩帝 菩提 莎訶

舍利子 菩薩摩訶薩應如是修學甚深般若波羅密多 爾時 世尊從彼定起告聖者觀自在菩薩摩訶薩曰 善哉 善哉 善男子 如是 如是 如汝所曰 彼當如是修學般若波羅密多一切如來亦當隨喜 時薄伽梵說是語已 具壽舍利子聖者觀自在菩薩摩訶薩一切世間天人 阿修羅乾達婆等 聞佛所說 皆大歡喜 信受奉行

반야바라밀다심경 돈황석실본
국대덕 삼장법사 사문 법성

이와 같이 나는 들었다.

한때 세존 박가범이 왕사성 영축산에서 큰 비구 무리 및 여러 보살마하살과 함께 있었다. 그때 세존이 심심명료 삼매법 이문에 들었다. 그리고 그때 관자재보살마하살이 깊은 반야바라밀다를 수행하면서 오온을 관찰하여 체성이 공인 것을 비추어보았다. 그때 구수 사리자가 세존의 위신력으로 성자 관자재보살에게 말하였다. 성자. 깊은 반야바라밀다를 수행하고자 하는 사람은 어떻게 수행하여야 합니까. 이와 같이 말하자 관자재보살마하살이 구수 사리자에게 대답하여 말하였다. 만약에 선남자 선여인이 깊은 반야바라밀다를 수행하고자 한다면 그는 마땅히 오온의 체성은 모두 공이다. 색이 곧 공이고 공이 곧 색이며, 색은 공과 다르지 않고, 공은 색과 다르지 않다. 이와 같이 수상행식도 역시 모두가 공이라는 것을 관찰하여야 한다. 그러므로 사리자. 일체 법의 공성은 무상이며 생긴 것도 아니고 소멸하는 것도 아니며, 더러움이 없이 더러움을 떠났으며, 줄어드는 것도 아니고 늘어나는 것도 아니다. 사리자. 그러므로 이때 공성 가운데는 색이 없고, 수가 없고, 상이 없고, 행이 없으며 식도 없다. 안이 없고, 이가 없고, 비가 없고, 설이 없고, 신이 없고, 의가 없으며, 색이 없고 성이 없고, 향이 없고, 미가 없고, 촉이 없고, 법이 없다. 안계가 없고 혹은 의식계가 없으며, 무명도 없고, 무명의 멸진도 없으며, 혹은 무노사도 없고 노사의 멸진도 없다. 고집멸도도 없고, 깨달을 것도 없고 얻을 것도 없고 얻지 못할 것도 없다. 그러므로 사리자. 얻을 것이 없기 때문에 여러 보살의 무리들은 반야바라밀다에 의지함으로써 마음에 장애가 없으며 두려움이 없이 전도를 넘어 마침내 열반을 성취하며, 삼세의 모든 부처들도 반야바라밀다에 의지하기 때문에 무상정등 지혜를 증득한다. 사리자. 그러므로 마땅히 알아야 한다. 반야바라밀다는 큰 비밀주문이며, 크게 밝은 주문이며, 무상의 주문이며, 비길 바 없는 주문이며, 일체의 괴로움을 없애는 주문이며, 진실이며, 뒤집힘이 없다. 반야바라밀다는 비밀주라는 것을 알아야 한다.

반야바라밀다주를 설하여 말하기를,

아제 아제 바라아제 바라승아제 모지 사하

사리자여, 보살마하살은 이와 같이 깊은 반야바라밀다를 공부하여야 한다. 그때 세존이 그 선정에서 깨어나서 성자 관자재보살마하살에게 말하였다. 훌륭하다, 훌륭하다. 선남자. 바로 그렇다. 그대의 말과 같이 깊은 반야바라밀다행은 마땅히 이와 같이 수행해야 하며, 일체의 여래도 따라서 기뻐할 것이다. 그때 세존 박가범이 이와 같이 말하자, 구수 사리자와 성자 관자재보살 그리고 모든 세간의 천신·인간·아수라·건달바 등은 세존의 이야기를 듣고 모두 크게 기뻐하면서 믿고 받들어 행하였다.

5-7 시호施護 《성불모반야바라밀다심경聖佛母般若波羅密多心經》

佛說聖佛母般若波羅密多經

西天譯經三藏 朝奉大夫 試光祿卿 傳法大師 賜紫臣 施護

如是我聞

一時 世尊在王舍城鷲峰山中 與大苾蒭衆千二百五十人俱 并諸菩薩摩訶薩衆而共圍遶 爾時 世尊即入甚深光名宣說正法三摩地 時觀自在菩薩摩訶薩 在佛會中 而此菩薩摩訶薩已能修行甚深般若波羅密多 觀見五蘊自性皆空 爾時 尊者舍利弗承佛威神 前白觀自在菩薩摩訶薩言 若善男子善女人 於此甚深般若波羅密多法門 樂欲修學者 當云何學時 觀自在菩薩摩訶薩告尊者舍利子言 汝今諦聽 爲汝宣說 若善男子 善女人 樂欲修學此甚深般若波羅密多法門者 當觀五蘊自性皆空 何名五蘊自性空耶 所謂即色是空 即空是色 色無異於空 空無異於色 受想行識 亦復如是 舍利子 此一切法如是空相 無所生無消滅 無垢染無淸淨 無增長無損減 舍利子 是故空中無色 無受想行識 無眼耳鼻舌身意 無色聲香味觸法 無眼界 無眼界乃至無意界 無意識界 無無明無無明盡 乃至無老死 亦無老死盡 無苦集滅道無智 無所得 亦無無得 舍利子 由是無得故 菩薩摩訶薩依般若波羅密多相應行故 心無所著 亦無罣礙 以無著無礙故 無有恐怖 遠離一切顚倒妄想究竟圓寂 所有三世諸佛依此般若波羅密多故 得阿耨多羅三藐三菩提 是

故 應知般若波羅密多是廣大明 是無上明 是無等等明 而能息除一切苦惱 是即眞實無虛妄法 諸修學者當如是學

我今宣說般若波羅密多大明曰

怛𩕳他(切身)他(引)(一句) 唵(引)誐帝(引)誐帝(引引)(二) 播(引)囉誐帝(引)(三)播(引)囉僧誐帝(引)(四) 冒提 莎(引)賀(引)(五)

舍利子 諸菩薩摩訶薩 若能誦是般若波羅密多明句 是即修學甚深般若波羅密多

불설성불모반야바라밀다경

서천역경삼장 조봉대부 시광록경 전법대사 사자신 시호

이와 같이 나는 들었다.

한때 세존이 왕사성 영축산에서 큰 비구 무리 1,250인과 함께 있었으며, 아울러 여러 보살마하살 무리와 함께 빙 둘러앉았다. 그때 세존이 심심광명선설정법삼매에 들었다. 바로 그때 관자재보살마하살이 세존의 모임 가운데 있었는데, 이 보살마하살은 이미 깊은 반야바라밀다를 수행하여 오온의 자성이 모두 공인 것을 관찰하였다. 그때 존자 사리자가 세존의 위신력으로 관자재보살마하살 앞에 가서 말하였다. 만약에 선남자 선여인이 이 깊은 반야바라밀다 법문을 기꺼이 수학하고자 한다면 어떻게 공부하여야 합니까. 그때 관자재보살마하살이 존자 사리자에게 말하였다. 그대는 이제 잘 들어보아라. 그대를 위하여 이야기하겠다. 만약에 선남자 선여인이 이 깊은 반야바라밀다 법문을 기꺼이 공부하고자 한다면 마땅히 오온 자성이 모두 공인 것을 관찰하여야 한다. 어떻게 하는 것이 오온의 자성이 공인 것을 관찰하는 것인가. 색은 공이며, 공이 곧 색이다. 색은 공과 다름이 없고, 공은 색과 다름없다. 수상행식도 이와 같다. 사리자여, 이 모든 법의 이와 같은 공상은 생긴 바도 없고 소멸한 바도 없으며, 더러움에 물든 것도 없고, 청정한 것도 없으며, 늘어남도 없고 줄어듦도 없다. 사리자. 그러므로 공 가운데는 색이 없고, 수상행식도 없고, 안이비설신의가 없고, 색성향미촉법도 없다. 안계 혹은 의식계가 없으며, 무명이 없고, 무명의 멸진도 없으며, 혹은 노사도 없고 노사의 멸진도 없다. 얻을 것이 없기 때문에 보살은 반야바라밀다에 상응하는 행에 의지함으로써 마음이 집착할 것이 없고 걸림도 없으며, 걸림이 없기 때문에 두려움이 없이 일체의 전도몽상을 멀리 여의어 마침내 열반을 성취한다. 삼세 모든 부처들도 이 반야바라밀다에 의지함으로써 아뇩다라삼먁삼보리를 얻는다. 그러므로 반야바라밀다는 광대한 명이며, 위 없는 명이며, 비길 바 없는 명이며, 능히 일체의 고뇌를 없애며, 이것이 바로 진실하고 허망하지 않은 법이라는 것을 알아야 한다. 수도하는 사람들은 마땅히 이렇게 공부해야 한다.

내가 이제 반야바라밀다 대명을 말하겠다.

아제 아제 바라아제 바라승아제 모지 사바하

사리자여, 보살마하살들이 만약 이 반야바라밀다 명구를 외우면 이것이 바로 깊은 반야바라밀다를 수학하는 것이다.

6

반야심경을 다시 읽는다

6 반야심경을 다시 읽는다

40년 전, 서점에서 일본인이 썼다는 《반야심경》 책을 만났다.

연꽃으로 장식된 문고판, 얄팍하였고 무언가 설명이 긴밀하다고 생각되었다. 손안에 쏙 들어왔고, 책장을 넘기는데 부드럽기 한이 없었다.

그때는 그 책을 읽어 낼 수 있을 것만 같았다.

그러나 지금 생각하여보니, 그 책 내용이 한 줄도 떠오르지 않는다.

무엇인가 잘못된 것이다.

서역왕자 구마라집은 섬서성 장안 소요원과 초당사에서 불경번역을 하였다.

《아미타경阿彌陀經》·《대품반야경大品般若經》·《소품반야경小品般若經》·《금강반야경金剛般若經》·《묘법연화경妙法蓮華經》 그리고 고려高麗의 《팔만대장경八萬大藏經》 핵심인 불경 300여 권을 망라한다.

그리고 그 지고한 번역 활동을 어느 사문은 구마라집이 암송한 것 중, 열에 하나도 번역해내지 못하였다고 찬양하였다.

구마라집은 세존의 이야기를 정성으로 옮겼다.

그리고 그의 스승이라 할 수 있는 용수보살의 험난한 궤적을 따라서 연기성공緣起性空에 근거한 대승불교의 완성된 토대를 만들었다. 특히 불교도가 가장 즐겨 독송하는 《마하반야바라밀대명주경摩訶般若波羅密大明呪經》을 지어 세존의 위엄과 자비를 한껏 드높였다.

'공空'

'색즉시공色卽是空, 공즉시색空卽是色'

이는 《반야심경》하면 누구나가 떠올리는 빛나는 실마리이다.

그런데 정작 '공空'은 무엇인가.

공에 대한 설명은 무수히 많지만, 우리에게 통찰력을 주는 해설은 찾기 어렵다.

'공空'이라는 도화선導火線에 불을 댕긴 사람은 구마라집이 흠모하였던 용수이다.

'공'은 용수보살 중관론의 핵심이다.

삼라만상의 영원한 휴식처가 '공(śūnyatā)'인가,

아니면 삼라만상의 영원한 도량처가 '공(śūnyatā)'인가.

그리고 극락의 빛나는 저 언덕 제망찰해帝網刹海같은 '색즉시공色卽是空, 공즉시색空卽是色'은 누가 뭐라고 하여도, 구마라집이 토해낸 불멸의 사자후일 것이다.

그런데 어느 누가 이 염화시중의 미소를 알기 쉽고 명료하게 설명할 것인가.

아마도 영원히 풀리지 않는 질기고 질긴 뫼비우스 매듭이 되어 불교의 간화선으로 남을 것이다.

《반야심경》에서 가장 뜨거운 주문이 있다.

반야바라밀般若波羅密.
아뇩다라삼먁삼보리阿耨多羅三藐三菩提.
아제 아제 바라아제 바라승아제 모지 승사아
揭帝 揭帝 波羅揭帝 波羅僧揭帝 菩提 僧莎呵.

반야바라밀般若波羅密과 아뇩다라삼먁삼보리阿耨多羅三藐三菩提.

이 두 문장은 대승불교 경전에 자주 등장하는 주문이다.

초전법륜부터 초기근본 불교시대까지 사람들 입에서 오래도록 오르내렸을 것이다. 대승불교 이전인 오래전부터 불교도가 암송하였던 주문이라는 것이다. 즉 용수보살과 삼장법사 구마라집이 이 주문을 지었다는 확실한 이야기가 없기 때문이다.

그리고 이 가운데 최상의 주문, 아니 어떤 무엇과도 비교할 수 없는 다라니(mantra), 소위 핵심 진언眞言이라 할 수 있는 아제 아제 바라아제 바라승아제 모지 승사아揭帝 揭帝 波羅揭帝 波羅僧揭帝 菩提 僧莎呵는 굽차국의 서역왕자 구마라집이 있었기에 존재한 화두라고도 할 수 있다.

그리고 이 주문에서 말하는 중심 내용은 세상의 모든 이치가 공법空法을 따르면 무명의 경지에서 반야바라밀과 상응한다고 말하고 있다. 그러나 정작 반야바라밀과 공법의 경계가 어디인지는 불분명하다.

'반야바라밀주般若波羅密咒'는 '아제 아제 바라아제 바라승아제 모지 승사아揭帝 揭帝 波羅揭帝 波羅僧揭帝 菩提 僧莎呵'이다.

이는 바로 '대명주大明咒'이다.

그리고 위대한 주문인 '반야바라밀주'인 '아제 아제 바라아제 바라승아제 모지 승사아'를 말하면 누구라도 '아뇩다라삼먁삼보리'를 증득할 수 있다고 한다.

다시 이야기하지만, 반야바라밀과 아뇩다라삼먁삼보리는 팔만대장경에서도 만날 수 있다. 그러나 대명주인 아제 아제 바라아제 바라승아제 모지 승사아는 오직 《대명주경》에서만 읽을 수 있는 주문이다.

결국 《마하반야바라밀경》에서 가장 중요한 문장은 바로 대명주大明咒인 아제 아제 바라아제 바라승아제 모지 승사아竭帝 竭帝 波羅竭帝 波羅僧竭帝 菩提 僧莎呵라는 결론이다.

아무튼 지금도 여전히 그 뜻에 대하여 모두가 긴가민가하는 《반야심경》의 세 주문은 아래와 같다.

> '반야바라밀般若波羅密'
>
> '아뇩다라삼먁삼보리阿耨多羅三藐三菩提'
>
> '아제 아제 바라아제 바라승아제 모지 승사아
> 竭帝 竭帝 波羅竭帝 波羅僧竭帝 菩提 僧莎呵.'

우리는 구마라집의 《마하반야바라밀대명주경》에 대하여 처음부터 끝까지 알기 쉽게 설명하지 못하고 있다.

혹자는 말한다.
"불교는 설명할 수 없다."
혹자는 말한다.
"불교는 지혜로운 종교다."

같은 말이다.

'지혜는 설명할 수 없다'는 이야기다.

그렇다고 우리는 이런 선문답을 지혜라 할 수도 없지 않은가.

"반야般若는 무엇인가."

"지혜智慧이다."

"지혜智慧는 무엇인가."

"반야般若이다."